KB068684

2020년

# 검찰개혁법
# 해설

변호사 이완규

박영사

# 머 리 말

　권력자의 자의를 통제하고 법에 의한 지배를 통해 국민을 보호하며 민주주의를 구현하고자 하는 법치주의는 형식적 법치주의에서 실질적 법치주의로 발전하여 왔다.

　'법률에 의한 지배'라는 법치주의 이념은 절대군주국가나 경찰국가에 대립하여 등장한 것이었지만 19세기의 법실증주의 사상과 결합하여 형식적인 개념으로 전락하고 그 본래의 역할을 하지 못하였다.

　통치가 법에 의하기만 하면 독재국가도 법치국가가 될 수 있기 때문이다. 입법권은 형식상 국회에 주어져 있지만 '다수결의 원리'라는 국회 의결에 따라 정치적으로 과반수만 넘는 의원을 확보하기만 하면 국회를 장악할 수 있으므로, 그 국회가 권력분립의 원칙에 따른 견제적 기능을 할 수 없거나 다수를 장악한 정치세력이 그러한 견제기능을 포기하는 경우에는 지배자 마음대로 법을 만들어 통치할 수 있으므로 법의 지배는 본래의 기능을 할 수 없게 되었다. 그 전형적인 예가 독일의 히틀러에 의한 나치 정권이다.

　제2차 세계대전 이후에는 형식적 법치주의의 폐해에 대한 반성으로 실질적 법치주의의 이념이 주장되었다. 실질적 법치주의는 국가권력을 단순히 형식적인 법률에 구속시키는 것이 아니라 헌법의 실질적인 법가치에 구속시키는 원리이다. 즉, 헌법에 인간의 존엄성 보호를 위한 기본권과 국가권력의 구성 및 행사방법에 대한 최고의 규범들을 규정하고, 다수결의 원리에 의한 입법권도 그 한계 내에서만 법률을 제정할 수 있도록 하는 것이다. 그래서 실질적 법치주의를 헌법적 법치주의라고도 한다.

이와 같은 법치주의의 발전사는 법학을 배운 사람이라면 상식이고, 특히 정치를 하고자 하는 사람이라면 항상 명심해야 할 사항이다.

따라서 국가권력을 행사할 기관을 새로 설치하거나 권력기관들 사이의 관계를 설정하고자 하는 때에는 이와 같은 실질적 법치주의의 이념에 따라 먼저 헌법부터 살펴서 헌법에 어떻게 규정되어 있는지, 이에 따르면 어떻게 법률을 만들어야 하는지를 검토하여야 한다.

2020년 문재인 정부의 청와대와 더불어민주당이 추진한 검찰개혁법으로 '고위공직자 범죄수사처 설치 및 운영에 관한 법률'이 제정되었고, 검경 수사권 조정과 관련하여 형사소송법 및 검찰청법의 일부 개정이 있었다.

이 법률들은 형사절차의 근간을 변경하는 내용들을 담고 있는데 이러한 변화를 만들려면 그러한 변화로 초래될 수 있는 위험 등에 대해 충분한 연구와 검토를 거치고, 그 위험과 폐해를 방지할 수 있는 보완수단들을 함께 마련하여 추진하여야 할 것이다.

이런 정도의 큰 변화를 위해서는 각계의 전문가가 참여하는 위원회 등을 구성하여 수년간 연구와 검토를 거쳐서 그 방향과 보완장치 등을 논의하고, 그 논의를 바탕으로 법안을 만드는 등의 심도 있는 논의절차가 선행되어야 했으며, 특히 국가권력기관의 설치나 관계의 재편성을 내용으로 하고 있으므로 실질적 법치주의의 관점에서 헌법규정과 합치하는지에 대한 치밀한 검토가 필요하였다.

　　그럼에도 불구하고 법률들이 추진되는 과정에서 소위 '4+1 협의체'에 의한 '패스트 트랙'의 논의에서는 그 법안의 형성과정에서 어떤 연구와 검토를 거쳤는지, 왜 그런 조문을 만들게 되었는지 등에 대한 진지하고 깊이 있는 논의 자체를 찾기 어려웠다.

　　정치적인 진영논리에 따라 추진되다 보니 헌법적인 검토나 법체계, 제도론 등으로부터의 검토, 그리고 실무에서의 문제점이 없는지에 관한 실무적 검토 등이 충분히 행해지지 않아 법률의 내용이 헌법규정과 헌법이론에 맞지 않고, 법률과 대통령령의 관계 등 법체계나 제도에 관한 이론들이 무시되며, 실무의 운영에 있어서도 혼란을 초래할 사항들이 포함된 채로 국회를 통과하였다.

　　실질적 법치주의와 법체계 및 법이론들이 아무런 역할을 하지 못하는 현실이 안타까울 뿐이다. 하지만 이와 같이 통과된 법률도 시행을 앞두고 있으므로 문제가 있다면 향후 법률을 폐지하거나 수정하여야 할 것이고, 해석으로 보완할 수 있다면 합리적인 해석 방법을 찾아야 할 것이다.

　　이에 2020년의 검찰개혁법들에 대한 해설과 문제점을 해소하기 위한 향후의 방향을 제시하여 보고자 그 해설서를 출간하기로 하였다. 국가권력기관의 설치와 헌법과의 관계, 형사소송과 실질적 법치주의의 구현 방법 등에 관한 이해의 폭을 넓히고, 실무에 초래될 혼란을 줄여 국가와 국민을 위한 합리적인 제도를 마련하는 데 도움이 되기를 바란다.

2020년 4월

이　완　규

# 차    례

## 제 1 장   권력기관 설치 원리로서의 민주적 정당성과 지휘체계 일원화

Ⅰ. 서  론 ································································································· 1

Ⅱ. 민주주의와 민주적 정당성 ··········································· 2

1. 국가권력구조의 원리로서의 민주주의 ······················ 2

2. 권력기관의 조직과 민주적 정당성 ··························· 3

3. 현행 헌법상 민주적 정당성 요소의 구현 ····················· 8

4. 지휘체계 구성에 있어서 본원적 권한과

파생적 권한의 규율체계 ·········································· 14

Ⅲ. 정부 기능을 위한 지휘체계 일원화 ······················ 17

1. 정부 의사의 단일·통일성 ····································· 17

2. 지휘체계 일원화 ················································ 18

Ⅳ. 종전의 수사·공소권 관련 민주적 정당성 체계와 지휘체계 20

1. 수사·공소권의 행정권으로의 편입과 사법적 성격의 문제 ········ 20

2. 검사의 수사·공소권 관련 민주적 정당성 체계와 지휘체계 ······· 21

3. 개정 전 사법경찰관 수사권의 민주적 정당성 체계와

지휘체계 ···························································· 32

# 제 2 장   고위공직자범죄수사처 설치 및 운영에 관한 법률 비판

Ⅰ. 고위공직자범죄수사처 설치 및 운영에 관한 법률의
     주요 내용 ················································································· 42
   1. 독립기구 ················································································· 42
   2. 공소권 부여 여부 ·································································· 43
   3. 대상범죄 ················································································· 43
   4. 처장의 임명절차 ·································································· 45
   5. 수사처검사와 수사관 ························································ 46
   6. 우선 관할권 ··········································································· 47
   7. 검사에의 사건 송치와 처장의 재정신청 제도 ············· 48
Ⅱ. 위헌, 무효의 법률 ·································································· 48
   1. 국가 권력기관 설치와 헌법의 요구 ······························· 48
   2. 헌법에 근거가 없어 헌법상 기구적 정당성이 없다 ·········· 50
   3. 의회에 대한 책임 및 통제장치가 없어 실질적 민주적 정당성을
     결여하여 위헌 ······································································· 53
   4. 특별검사, 국가인권위원회 등과의 구별 ························ 55
Ⅲ. 수사처검사의 권한 문제 ······················································ 56
   1. 기소일원주의와 기소다원주의 ········································ 56
   2. 수사처의 기소권과 공소권의 충돌 문제 ······················ 58
   3. 수사처검사의 지위 ······························································ 59
   4. 헌법상 영장청구권의 문제 ················································ 61
   5. 수사처장의 임명방법 문제 ················································ 64
   6. 수사처의 지휘체계 ······························································ 66
   7. 대상 범죄의 범위와 조직 규모 문제 ······························ 70
   8. 검찰과의 관할 경합 문제 ·················································· 72
   9. 검사의 기소 여부 결정과 수사처장의 재정신청 문제 ········· 73

Ⅳ. 향후의 대안 모색 ……………………………………………… 74


# 제 3 장  검찰청법상 검사의 수사개시권 제한 문구의 해석

Ⅰ. 개정 조문의 내용 ……………………………………………… 76
　1. 현행법 ………………………………………………………… 76
　2. 개정 검찰청법 ……………………………………………… 76
Ⅱ. 검사의 수사개시권 제한 문구의 법체계상 문제점 …………… 77
　1. 위헌 문제 …………………………………………………… 77
　2. 형사소송법과 검찰청법의 관계 …………………………… 77
　3. 형사절차 법률주의 위반 …………………………………… 78
Ⅲ. 검사의 수사개시권 제한의 기능상 문제점 ………………… 79
　1. 공소권자의 수사권은 공소권의 기능수행을 위해 필요 ……… 79
　2. 검사의 수사개시권을 제한하는 경우 검사의 기능수행상 장애 ‥ 81
　3. 수사권을 '수사개시권'과 '다른 기관이 개시한 수사의 수사진행권'
　　으로 나누어 규율할 수는 없다 ……………………………… 82
Ⅳ. 문제의 진단과 해결방법상의 오류 ………………………… 83
　1. 검사가 직접 초기부터 수사에 나서야 할 경우 …………… 83
　2. 검찰의 인지수사 과잉의 문제 ……………………………… 86
　3. 검찰의 권력 비대화 문제의 해결방법 …………………… 86
　4. 인지부서의 수사개시 제한을 전체 검사로 확대한 오류 ……… 87
Ⅴ. 개정 검찰청법 제4조 제1항 제1호 단서의 합리적 해석:
　훈시규정 ………………………………………………………… 88
　1. 효력규정으로 해석할 때의 문제점 ………………………… 88
　2. 검찰 내부의 업무수행방식으로 법무부령 등으로
　　정했어야 할 내용 …………………………………………… 89
　3. 훈시규정으로 해석해야 합리적 …………………………… 89
　4. 대통령령 제정시 반영 필요 ……………………………… 90

# 제 4 장 검사와 '경찰 내 사법경찰관'의 관계 변화

Ⅰ. 검사의 경찰 내 사법경찰관에 대한 포괄적 수사지휘체제
    폐지 ······················································································· 92
    1. 현행법 규정: 포괄적 지휘관계 ······································· 92
    2. 개정 형사소송법: 포괄적 지휘관계 폐지, 협력관계로 변경 ······· 92
Ⅱ. 포괄적 지휘관계에서 개별적 지휘관계로 변경 ····················· 93
    1. 개별적 지휘관계 규정의 도입 ········································· 93
    2. 검사와 경찰 내 사법경찰관의 관계의 혼란성 ················ 95
    3. 개별적 지휘 조항 ·························································· 99
    4. 실무상 예상 변화 ························································ 101
Ⅲ. 검사의 수사지휘관계 폐지에 대한 비판과 향후 과제 ········· 116
    1. 경찰 수사에 대한 민주적 정당성 단절 문제 ··············· 116
    2. 행정부 내 지휘체계의 이원화 문제 ····························· 117
    3. 향후의 입법과제 ························································· 118

# 제 5 장 개정법상 경찰 1차 수사종결권: 불송치 결정권

Ⅰ. 경찰의 불송치 결정권 규정 ············································· 123
    1. 개정 전 규정 ······························································ 123
    2. 개정법상 규정 ····························································· 124
Ⅱ. 경찰의 불송치 결정권 규정 비판 ······································ 125
    1. 개정법상 불송치의 법적 성질: 처분 ····························· 125
    2. 경찰을 사건의 처분권자로 등장하게 함으로써 발생하는
       문제점 ········································································ 126
Ⅲ. 불송치 관련 통제절차상 문제점 ········································ 129
    1. 불송치 관련 통제절차 ·················································· 129

2. 행정관청 처분의 불복절차 유형 ································· 130

3. 고소·고발 사건 불송치 이의신청 절차의 문제점 ·············· 130

4. 불송치사건의 검사 송부와 반환절차 ····················· 133

Ⅳ. 불송치처분의 주체 문제 ································· 136

1. 처분의 주체는 관청(행정청)이어야 한다 ················· 136

2. 경찰법상 관청의 종류와 불송치처분의 주체 ············· 137

3. 수사권자가 아닌 경찰청장, 지방경찰청장은 불송치처분을
   할 수 없는 공백 ······························· 137

Ⅴ. 제도 시행상 예상되는 실무적인 문제점 ··············· 138

1. 불송치처분과 관련한 실질적 결정자와 관련한 실무의 예상 ···· 138

2. 사건 기록 왕래의 업무부담 ························· 140

3. 90일 반환기간의 해석 ···························· 140

4. 불송치 승인의 대상 ····························· 141

5. 일부 기소의견의 경우의 복잡성 ····················· 142

6. 재수사와 재불송치 문제 ·························· 143

7. 경찰의 불송치처분시의 압수물 등에 대한 부수처분 ·········· 144

Ⅵ. 향후 개선방향: 불송치제도의 폐지 ················· 145

## 제 6 장  검사작성 피의자신문조서의 증거능력 폐지

Ⅰ. 개정 내용 ······································· 148

1. 현행법 ··································· 148

2. 개정법 ··································· 149

Ⅱ. 입법 사고에 가까운 법 개정 ····················· 149

1. 증거법은 검찰개혁의 문제가 아니라 형사절차 전체의
   시스템 문제 ································ 149

2. 우리나라에서 피의자신문조서의 증거능력을 폐지하는 것의
   의미 ··································· 150

3. 검사의 공소제기 결정 기반 불안정으로 인한 형사사법 시스템
운영 곤란 ·················································································· 151
Ⅲ. 진술 관련 증거법 체제의 비교법적 검토 ··························· 156
1. 독일의 직접주의 ·································································· 156
2. 영미법계 전문법칙 ····························································· 160
3. 일본 형사소송법 ································································· 164
4. 피의자 진술을 증거로 할 수 없는 입법은 유례가 없다 ··········· 165
Ⅳ. 향후 방안: 보완 입법 필요 ··············································· 166
1. 피고인에게 유무죄의 선택권을 주는 입법 ··························· 166
2. 보완 입법 필요: 피의자 진술을 증거로 할 수 있는 대체 수단
보완 필요 ············································································ 166


참고문헌 ················································································· 169


부록(검찰개혁법안 개정법률)
고위공직자범죄수사처 설치 및 운영에 관한 법률 ························ 175
형사소송법 중 개정법률 ························································· 190
검찰청법 중 개정법률 ···························································· 195


사항색인 ················································································· 197

# 제 1 장

# 권력기관 설치 원리로서의
# 민주적 정당성과 지휘체계 일원화

## I. 서 론

　　문재인 정부에서 추진한 검찰개혁법은 ① '고위공직자범죄수사처'라는 국가권력기관을 새로 설치하는 법률과 ② 수사권과 관련하여 검사와 사법경찰관의 관계를 종전의 '지휘관계'에서 '협력관계'로 변경하고, 경찰에 불송치 권한을 부여하는 등의 수사권 조정 관련 법률을 주된 내용으로 하고 있다.

　　이 법률들은 국가권력 중에 수사권과 공소권을 행사할 권력기관을 설치하거나 권력기관의 관계들을 재설정하는 것이므로 이러한 법률을 제정하거나 개정하려면 가장 중요한 검토사항으로서 '국가의 권력기관을 설치함에 있어서는 어떠한 원리가 적용되어야 하는가'를 살피고 이들 법률들이 이러한 원리에 맞는지를 세밀히 검토하여야 한다.

　　국가기관을 설치함에 있어 고려하여야 할 원리에는 가장 중요한 헌법적 수준의 원리로서 국가권력기관의 '민주적 정당성'이 있고, 기능상의 기본 원리로서 '지휘체계 일원화'가 있다. 민주적 정당성은 민주주의라는 헌법체제의 문제이고, 지휘체계 일원화는 어떤 조직이

기능적으로 운영되기 위해서 반드시 고려해야 할 운영원리이다.

　　그런데 문재인 정부와 여당인 더불어민주당이 추진한 검찰개혁 법안은 이러한 기본적인 원리가 전혀 검토되지 않았다. 이러한 법률 안을 문재인 정부와 더불어민주당이 소위 '4+1 협의체'라는 형식으로 추진하여 국회 본회의 의결을 거쳐 법률이 되었고 그 시행을 앞두고 있다.

　　논의과정에서 법 원리나 시행상 발생할 수 있는 문제점들에 대한 전문적이고도 충분한 검토나 논의 없이 법률안이 만들어지고 소위 '패스트 트랙'이라는 방식으로 무리하게 추진되다 보니 법률규정상 문제점이 많고 시행을 위하여 보완 입법이 필요한 사항도 많이 있다.

　　이 법률들에 있어 가장 근본적인 문제점은 민주주의의 원리에서 나오는 민주적 정당성이라는 헌법원리가 무시되고, 국가기관뿐만 아니라 어느 조직에도 적용되는 기능상의 기본원리인 지휘체계 일원화가 무시되었다는 점이다. 세부적인 논의를 하기 전에 이 원리들에 대해 먼저 살펴볼 필요가 있다.

## Ⅱ. 민주주의와 민주적 정당성

### 1. 국가권력구조의 원리로서의 민주주의

　　헌법 제1조 제1항은 대한민국을 민주공화국으로 선언하여 국가 권력구조의 형태로서 민주주의와 공화주의를 선언하고 있다. 또한 제2항은 "대한민국의 주권은 국민에게 있고, 모든 국가권력은 국민으로부터 나온다."고 규정하여 국민주권주의를 선언하고 있다.

　　국민주권주의는 국가권력의 보유자가 국민이며 정치적으로 권력 기관의 설치와 조직이 국민으로부터 나오는 정당성을 갖추고 국민의 결정에 기인할 것을 요구한다. 한편 민주주의는 국민주권주의에서 출발하되 국가권력을 국민 스스로가 행사하는 국가형태 또는 국가

구조원리를 말한다.[1] 즉, 국민이 권력의 보유자일 뿐 아니라 국민이
그 권력을 행사하는 것이다.[2] 그런 의미에서 민주주의는 국민주권
주의를 전제로 하고 있으며[3] 민주주의 국가에서는 국가권력의 원천
이 국민이므로 국민이 아닌 다른 원천에 의한 권력은 인정되지 않
는다. 국민으로부터 나오는 국가권력은 국민이 직접 선거나 투표 등
의 방법에 의해 행사하거나 국민으로부터 권력을 위임받은 입법부,
행정부, 사법부의 기관들을 통해 행사하게 된다.

　이와 같이 민주주의는 국민이 국가권력을 행사한다는 원리이므
로 국민의 권력 행사를 현실에서 구현하기 위해 국가권력의 조직이
나 정부조직은 그러한 원리를 구현할 수 있도록 구성할 것을 요구
한다. 그런 의미에서 **헌법이 규정하고 있는 민주주의는 국가권력 및
정부형태를 규정하는** 의미도 가지며 나아가 **국가권력의 보유 및 행사
에 대한 조직원리**라고 할 수 있다.[4]

## 2. 권력기관의 조직과 민주적 정당성

### (1) 의  의

　이와 같이 민주주의는 국가권력 및 정부형태를 규정하는 규범
적 의미를 가지는데, 이에 따라 국가권력 행사가 국민의 권력 행사
로 인정되기 위해서는 모든 국가권력에 있어 국민에 의해 일정 수
준으로 정당성을 부여받을 것을 요구한다. 이를 민주적 정당성
(demokratische Legitimation)이라 한다.[5]

1) 정종섭, 『헌법학 원론』, 박영사(2014), 132면; Böckenförde, "Demokratie als
　Verfassungsprinzip", *Handbuch des Staatsrechts der Bundesrepublik Deutschland
　(HdBStR) Bd II*, C.F.Müller, 2004, §24. Rndr. 9.
2) Böckenförde, a.a.O, §24 Rndr. 8.
3) 한국헌법학회 편, 『헌법주석 I』, 박영사(2013), 67면.
4) 정종섭, 앞의 책, 32면; Böckenförde, a.a.O, §24 Rndr. 9.
5) Jarass/Pieroth, *GG*, C.H.Beck, 2004, §20 Rndr 4; Waechter, *Geminderte
　demokratische Legitimation staatlicher Institutionen im parlamentarischen*

민주적 정당성은 국가의 의사결정과정에서 국민의 의사가 반영되도록 하는 차원에서 국민의 의사를 대변하는 국회의 의사결정절차의 적절성과 소수자 보호 등을 위한 법적 장치 등에서도 나타나지만[6] 특히 국가기관의 설치와 그 국가기관의 권력 행사방법 및 그 권력 행사에 대한 통제장치 등을 갖추어 그 국기기관들이 국민의 기관으로 권력 행사를 하도록 할 것을 요구하는 원리로서 매우 중요한 의미를 가진다.[7]

## (2) 국가기관의 조직원리로서 민주적 정당성의 요소

### 1) 헌법상 기구적 정당성

헌법상의 기구적 정당성은 헌법제정권력자인 국민이 제정한 헌법에서 기구의 설치와 임무에 대한 근거가 규정됨으로써 뒷받침되는 정당성이다.[8] 이를 기능적, 기구적 정당성(funktionelle und institutionelle demokratische Legitimation)이라고도 한다.

즉, 국민은 헌법제정권력으로 헌법에 입법, 행정, 사법권력을 각각 고유한 기능과 조직을 가지는 기관으로 구성하고 이들을 통해 국민으로부터 나오는 국가권력을 행사하므로 국가기관은 헌법에 그 설치와 임무에 관한 근거를 가져야 한다는 것이다.[9]

그러나 이러한 헌법적 근거만으로 민주적 정당성이 모두 갖추어지는 것은 아니며 구체적으로 그 조직의 담당자와 그의 구체적 권한 행사에 있어서 조직상의 인적 정당성과 내용상의 실질적 정당성이 더 갖추어져야 한다.

---

*Regierungssystem*, Duncker & Humbolt, 1994, S. 33; BVerfGE 93, 37/66f.
6) 정종섭, 앞의 책, 133-136면.
7) Böckenförde, a.a.O, §24 Rndr. 9.
8) Waechter, a.a.O, S. 34.
9) Böckenförde, a.a.O, §24 Rndr. 15.

## 2) 인적 정당성

민주주의 원리는 국가 권력을 담당하는 기관들이나 그 담당자들에게 **권력의 담당에 대하여 국민으로부터 부여되는 정당성의 사슬이 연결될 것을 요구**하는데 이를 인적 정당성(organisatorisch – personelle demokratische Legitimation)이라고 한다.[10) 인적 정당성의 사슬은 국가권력 담당자의 임명과정에 있어서 국민들에 의해 선출됨으로써 직접적으로 실현될 수도 있고 선출된 권력기관으로부터 임명됨으로써 간접적으로 이어질 수도 있다.[11)

의회를 통한 대의민주주의 체제에서는 국민의 대의기관인 국회가 인적 정당성의 연결에 중요한 기구로서 역할을 한다. 사법부의 구성이나 국무총리 등 중요기관의 임명절차에 있어 국회의 동의를 얻도록 한 것도 민주적 정당성을 부여하기 위한 일종의 중요한 장치들이다.

## 3) 실질적 정당성

국가권력의 담당자들이 임명절차에 있어 국민과 연결되는 인적 정당성만으로는 민주주의 원리 실현에 아직 부족하다. 국민과 연결되는 정당성을 갖추더라도 그 권력자가 권력을 행사함에 있어 국민의 의사와 먼 방향으로 권력 행사를 하고 이를 시정할 수 없다면 민주주의가 실현되었다고 하기 어렵다.

이와 같이 **국가권력이 항상 국민의 뜻에 맞게 행사될 수 있도록 보장하는 것을 내용상의 실질적 정당성**(sachlich – inhaltliche demokratische Legitimation, materielle Legitimation)이라 한다.[12)

---

10) Jarass/Pieroth, GG, C.H.Beck, 2004, §20 Rndr. 9a; Böckenförde, a.a.O, §24 Rndr. 16; Waechter, a.a.O, S. 34.

11) Böckenförde, a.a.O, §24 Rndr. 16; Waechter, a.a.O, S. 34; BVerfGE 47, 253/275f.

12) Jarass/Pieroth, GG, C.H.Beck, 2004, §20 Rndr. 9a는 materielle Legitimation이라

실질적 정당성을 보장하는 방법으로는 두 가지가 논해지는데 첫 번째는 국가권력의 행사가 법에 기속되는 것이고, 두 번째는 국가권력 담당자들의 권력 행사에 대한 통제체제를 갖추는 것이다.[13]

가) 법에의 기속성

먼저 국가권력의 행사는 법에 기속되어야 한다. 이러한 기속력이 지켜지는 한 국가권력 담당자의 행위는 국민이 정한 헌법 또는 국민의 대표인 의회가 정한 법률에 의한 행위로서 국민의 의사에 따른 행위가 되므로 민주적으로 정당화된다.[14] 법에의 기속에 의한 민주적 정당성은 행정부는 물론 사법부에도 해당된다.

나) 실질적 정당성 보장을 위한 통제장치

권력 행사의 내용이 법에 기속됨으로써 내용상으로 정당성이 보장되지만 그렇게 법에 기속되도록 하려면 이에 반하는 경우 이를 시정할 수 있는 통제장치가 있어야 할 것이다. 따라서 이러한 통제장치를 마련하는 것은 국가권력기구를 설치함에 있어 민주적 정당성을 구현하기 위한 핵심적인 조직원리이며 실질적 정당성의 측면에서는 민주적 정당성을 확보하기 위한 필수불가결의 요소이다.[15]

의회를 통한 간접민주제에서는 정부가 행사하는 행정권력에 대해서는 국민의 대의기관인 의회가 통제를 담당하며 행정권력의 담당자가 잘못하는 경우 의회에 대한 책임을 지게 함으로써 국민이 통제하고 국민에 대해 책임지는 구조가 마련된다.[16]

---

하고, Böckenförde, a.a.O, §24 Rndr. 21에서는 sachlich - inhaltliche Legitimation 이라고 하는데 내용상으로는 실질적 정당성이라는 의미이므로 실질적 정당성으로 번역한다.

13) Jarass/Pieroth, GG, C.H.Beck, 2004, §20 Rndr. 9a; Böckenförde, a.a.O, §24 Rndr. 21.

14) Waechter, a.a.O, S. 35.

15) Böckenförde, a.a.O, §24 Rndr. 22.

16) 여기서 국회에 의해서 정치적인 제재를 할 수 있는 장치를 갖춘 책임성 (sanktionierte demokratische Verantwortlichkeit)이 중요하며 이에 의해 통제의

한편, 국가권력 담당자가 의회에 대해 책임을 지는 경우 그 담당자는 자신이 책임지는 영역에 관하여는 자신의 의지대로 권력 행사가 이루어지도록 하고 그렇지 않은 경우 이를 자신의 의지대로 시정할 수 있는 권한이 필요하다. 책임은 권한의 다른 면이 되는 것이다.

따라서 의회에 대해 그 책임을 지는 담당자가 그 하부의 담당자들을 통제할 수 있는 지휘체제를 갖춤으로써 하부 담당자들의 권력 행사에 대한 민주적 정당성이 구현될 수 있다. 이와 같이 지휘감독권은 의회에 대한 책임이라는 민주적 정당성 요소의 구성요소 중 하나가 된다.

이에 따라 특히 행정부의 권력 행사에 대해서는 ① 국민의 대표인 의회로부터 통제를 받고 의회에 대해 책임을 지는 책임체제의 확보(Verantwortlichkeit gegenüber dem Parlament)와 ② 그 책임을 지는 사람이 그 하부기관들에 대한 지휘체계를 갖추고 그의 지시를 받는 사람이 따라야 하는 지시권의 기속력(Weisungsabhängigkeit)을 갖추는 것이 실질적 정당성의 관점에서 핵심적 요소이다.[17]

행정부의 권력에 있어서는 의회에 대해 책임을 지는 것이 장관이다. 장관은 소관업무에 대해 의회에 출석하여 답변하고, 극단적인 경우는 의회의 의결에 의해 해임될 수 있다. 이에 따라 의회에 대해 책임을 지는 장관을 정점으로 하는 지휘구조로 권력기관들이 구성된다.[18]

한편, 의회를 통한 국가권력 행사에 대한 통제는 민주주의의 실질적 정당성을 보장하기 위해 중요한 원리가 되므로 이에 대한 예외를 인정하기 위해서는 원칙적으로 헌법적 수준의 근거를 필요로

---

기능을 수행할 수 있는 것이다. Böckenförde, a.a.O, §24 Rndr. 21.

17) Jarass/Pieroth, *GG*, C.H.Beck, 2004, §20 Rndr. 9a; Böckenförde, a.a.O, §24 Rndr. 21; Waechter, a.a.O, S. 35.

18) Jarass/Pieroth, *GG*, C.H.Beck, 2004, §20 Rndr. 10; Waechter, a.a.O, S. 35.

한다. 민주주의 원리는 헌법적 수준의 원리이기 때문이다. 이러한 예외의 대표적인 것이 재판권이다.

일반적으로 재판권은 그 권력 행사에 있어 정치적 중립성과 독립성이 요구되므로 재판권 행사와 관련하여 의회에 대한 책임성에 대해 예외를 규정함에 따라 상급자의 지휘권을 통한 지휘체계로 구성되지 않는다.

그러나 그렇다고 하여도 모든 법관들의 재판권 행사가 헌법과 법률에 따라 행해지고 있는지는 통제될 필요가 있다. **재판권의 영역에서 이러한 통제는 지휘감독권이 아니라 심급제도와 상급심 판결의 기속력을 통해 최고법원이 법률해석을 책임짐으로써 통제된다.** 즉, 최고법원이 법률해석에 관해 국민에 대해 책임을 지며 하급심법원의 재판권 행사는 최고법원의 법률해석에 따라 통제됨으로써 전체 법관들의 재판권 행사가 국민의 의사에 맞도록 행사되는 것이 보장된다.

한편, 지방자치의 경우도 주민의 선거를 통해 자치단체를 구성하는 경우 자치 사무에 대하여는 중앙기관으로서의 의회에 대한 책임성으로부터 예외가 인정될 수 있으며 지방의회에 의한 통제로 대체될 수 있다. 다만, 국민 전체의 의사와 해당 지역민의 의사가 충돌하는 경우 국민 전체의 의사에 우위를 두는 것이 국가적 관점에서 타당하므로 그런 한도에서 중앙정부의 관여가 인정될 수 있다.

## 3. 현행 헌법상 민주적 정당성 요소의 구현

### (1) 헌법상 기구적 정당성의 구현

헌법은 주권을 다시 입법권, 행정권과 사법권으로 3분하고 있다. 입법권은 국회에 속하며(헌법 제40조), 행정권은 대통령을 수반으로 하는 정부에 속하고(헌법 제66조 제4항), 사법권은 법관으로 구성된 법원에 속한다(헌법 제101조 제1항). 또한 헌법재판권은 헌법재판소에 속한다(헌법 제111조). 우리나라도 의회를 통한 간접 민주제를 채택하고 있다.

이와 같이 3권의 담당기구에 대한 헌법규정에 의해 이들 기관의 헌법상 기구적 정당성이 부여되고, 정부조직법, 국회법, 법원조직법, 헌법재판소법 등 헌법의 위임규정에 따른 법률에 따라 구체적 기구들이 설치됨으로써 그 정당성이 이어진다.

나아가 헌법은 제8장에 지방자치의 규정을 두어 지방자치단체의 헌법상 기구적 정당성을 부여하고 있다. 지방자치단체의 조직과 운영은 법률로 정하며 이에 의해 제정된 지방자치법에 따라 구체적인 지방자치단체의 기구들이 설치됨으로써 그 정당성이 연결된다.

## (2) 인적 정당성의 구현

인적 정당성은 국가권력의 담당자들에게 권력의 담당에 대하여 국민으로부터 부여되는 정당성의 사슬이 연결되는 것이다. 이는 선거에 의해 선출됨으로써 직접적으로 정당성의 사슬이 연결될 수도 있고 선출된 사람으로부터 임명됨으로써 간접적으로 연결될 수도 있다.

먼저 입법권의 행사자인 국회의원은 국민이 직접 선출하므로(헌법 제41조 제1항) 인적 정당성이 선거에 의해 직접 부여된다.

행정권은 정부에 속하며 대통령은 그 정부의 수반이다(헌법 제66조 제4항). 대통령은 정부의 수반으로서 정부를 통솔하며 정부를 통하여 행정권이 행사되도록 한다. 정부는 국무총리, 국무회의 및 행정각부로 구성된다(헌법 제4장 제2절).

대통령도 선거를 통해 직접적으로 민주적 정당성을 부여받는다(헌법 제67조 제1항). 그런데 대통령을 수반으로 하는 정부의 각 공무원들은 민주적 정당성을 갖춘 대통령으로부터 임명됨으로써 인적 정당성의 사슬이 연결되므로 간접적으로 정당성을 갖춘다. 국무총리는 대통령의 임명에 더하여 민주적 정당성을 갖춘 의회의 동의를 받음으로써 정당성의 수준이 더 강화되고 있고(헌법 제86조 제1항), 각부

장관은 임명과정에서 의회의 청문회를 거치도록 함으로써 정당성의 수준을 높이고 있다.

사법권 중 일반적인 사법권은 법관으로 구성된 법원에 속하며(헌법 제101조 제1항), 헌법재판에 관한 사법권은 헌법재판소에 속한다(헌법 제111조 제1항). 여기서 법원은 구체적으로 사건을 재판하는 재판기관으로서 활동하는 소송법적 의미의 법원을 말한다.[19] 국법상 의미의 법원, 즉 사법행정상의 관청으로서의 법원이나 관서로서의 법원은 사법권의 주체가 아니다.

법원에 있어서 대법원장은 직접적인 민주적 정당성을 갖춘 대통령의 임명과 의회의 동의를 통해 민주적 정당성의 사슬을 연결하여 간접적인 정당성을 갖추며(헌법 제104조 제1항), 대법관은 대법원장의 제청과 의회의 동의 및 대통령의 임명을 통해(헌법 제104조 제2항) 민주적 정당성이 부여된다.

이와 같이 대법원의 구성원들을 대통령의 임명 이외에 국회의 동의를 받게 함으로써 민주적 정당성을 강화하여 사법권의 최고기관으로서, 그리고 국민에 대해 사법권 행사에 대한 책임을 지는 최종 기관으로서 대법원의 지위가 헌법적으로 뒷받침된다. 이에 따라 헌법은 대법원을 최고법원이라고 규정하고 있다(헌법 제101조 제2항). 그 외의 법관들은 이와 같이 민주적 정당성의 연결을 갖춘 대법원장으로부터 임명을 받음으로써(헌법 제104조 제3항) 정당성의 사슬이 이어지게 된다.

한편, 지방자치단체는 인적 정당성의 구현방법이 헌법에 규정되어 있지는 않으나 현행 지방자치법에서 지방자치단체의 장[20]과 지

---

19) 대법원의 전원합의체, 부, 고등법원의 각 부, 지방법원 및 지원의 합의부나 단독 판사 등이 이에 속한다.

20) 현행법은 특별시, 광역시, 도, 특별자치시, 군 및 자치구로 구분하고 있으며(지방자치법 제2조 제1항) 이 자치단체의 장을 국민이 직접 선출하도록 규정하고 있다(지방자치법 제94조). 그 외 하부조직으로서 자치구가 아닌 구, 읍, 면, 동 등이

방의회 의원[21])을 국민이 직접 선출하도록 함으로써 인적 정당성이
구현되고 있다.


(3) 실질적 정당성의 구현
1) 행정권력에 대한 실질적 정당성 체계
　　헌법은 국민의 대의기구로서 국회를 두고 있고 ① 각부 장관인
국무위원이 행정권력의 행사에 대해 국회에 대해 책임을 지는 체제를
구성하며, ② 행정권력이 각부 장관의 지휘체계 안에 들어오게 구성함
으로써 실질적인 민주적 정당성을 구현하고 있다.
　　먼저, 국회에 대한 책임이라는 관점에서 보면, 국회는 국무총
리, 국무위원 및 정부위원을 출석시켜 보고를 받으며 질의, 답변을
통해 그 권한 행사의 정당성을 감독하고(헌법 제62조) 국정조사를 하
며(헌법 제61조), 나아가 **국무총리 또는 국무위원의 해임을 건의함으로**
**써 정치적 책임을 물을 수 있다**(헌법 제63조).
　　국회의 탄핵소추권도 있으나(헌법 제65조) 탄핵은 헌법이나 법률
위배를 요건으로 하는 점에서 권한 행사의 적정성에 대한 정치적
책임을 묻는 해임건의와 다르다. 국회에 대한 정치적 책임이라는 점
에서는 해임건의가 중요하며 이에 따라 우리 헌법상 행정권의 행사와
관련하여 국회에 대해 책임을 지는 것은 국무총리와 국무위원이다.
　　헌법은 행정권을 행사하는 행정부를 국무총리와 행정각부로 구
성하도록 하고 있고(헌법 제2절), 행정각부의 장관은 국무위원 중에
서 대통령이 임명한다(헌법 제94조). **따라서 국무총리와 국무위원인**
**행정각부의 장이 국회에 대해 책임을 지는 행정권의 담당자이다.**
　　이와 같은 의회에 대한 책임구조에 대응하여 헌법은 또한 정부

---

　　있으나 이들은 지방자치단체가 아니라 지방자치단체의 하부 행정기관이다(지방
　　자치법 제117조).
21) 지방자치단체에 의회를 두고 그 의원을 국민이 직접 선출한다(지방자치법 제31조).

를 구성함에 있어 행정부를 국무총리와 행정각부로 구성하도록 하
고 있고(헌법 제2절), 행정각부의 설치·조직과 직무범위는 법률로 정
하도록 하고 있다(헌법 제96조). 이 헌법 규정에 따른 법률로서 정부
조직법이 있다. 정부조직법은 행정권을 영역별로 나누어 각 영역을
담당할 부를 정하고 장관을 그 부의 사무를 관장하는 최고 행정기
관으로 규정하고 있다.

다음으로 국무총리 및 행정각부 장관은 소관 행정 업무에 관하
여 국회에 대해 책임을 지므로 그 전제로서 소속 기관이나 공무원
의 업무에 관하여 지휘할 수 있어야 할 것이다. 정부조직법 제2조
제2항은 중앙행정기관을 원칙적으로 부, 처, 청으로 한다고 규정하
고 있는데 이와 같은 책임행정의 원리에 따라 처는 권력기관적 성
격이 상대적으로 적고 통할기능과 관련이 있는 영역에 대해 설치하
면서 국회에 대해 책임을 지는 국무총리실 산하로 두고,[22] 청은 장
관의 소속으로 설치하였다.[23] 정부조직법 제7조 제1항은 각 행정기
관의 장은 소관사무를 통할하고 소속 공무원을 지휘·감독한다고 규
정하고 있는바 국회에 대해 책임을 지는 국무총리와 각부 장관이
그 소속 공무원에 대한 지휘감독권을 가짐을 명확히 하고 있다.

이와 같이 장관이 소관사무를 통할하고 소속 공무원을 지휘감독
하는 권한을 가짐으로써 그 지휘체계하에서 각부에 소속한 공무원들

---

22) 현행법상 국가보훈처(정부조직법 제22조의2), 인사혁신처(제22조의3), 법제처
   (제23조), 식품의약품안전처(제25조)가 국무총리 산하에 설치되어 있다.
23) 현행법상 기획재정부장관 소속하에 국세청(정부조직법 제27조 제3항), 관세청(같
   은 조 제5항), 조달청(같은 조 제7항), 통계청(같은 조 제9항), 법무부장관 소속하
   에 검찰청(제32조 제2항), 국방부장관 소속하에 병무청(제33조 제3항), 방위사업
   청(같은 조 제5항), 행정안전부장관 소속하에 경찰청(제34조 제5항), 소방청(제34
   조 제7항), 문화체육관광부장관 소속하에 문화재청(제35조 제3항), 농림축산식품
   부장관 소속하에 농촌진흥청(제36조 제3항), 산림청(같은 조 제5항), 산업통상자
   원부장관 소속하에 특허청(제37조 제4항), 환경부장관 소속하에 기상청(제39조
   제2항) 등이 있다.

은 장관을 통하여 국민의 대표인 국회에 대해 책임을 지게 된다. 이렇게 하여 행정부의 모든 공무원들의 권력 행사에 대한 실질적인 민주적 정당성의 체계가 갖추어져 있다.

### 2) 사법권력에 대한 실질적 정당성 체계
#### 가) 사법권력에 대한 민주적 정당성 체계로서의 심급구조

헌법은 사법권이 법관으로 구성된 법원에 속한다(헌법 제101조)고 규정하고 있다. 나아가 법관은 헌법과 법률에 의하여 그 양심에 따라 독립하여 재판한다(헌법 제103조)고 규정하여 재판기관의 독립성을 선언하고 있다. 이 규정에 의해 법관들의 재판업무에 있어서는 상급기관의 지휘감독관계가 인정되지 않는다.

행정부에 있어서는 권력 행사의 민주적 정당성을 실질적으로 보장하기 위해 장관의 지휘감독관계를 구성하고 있음에 반하여 법관들의 재판권 행사는 이와 같은 지휘감독관계에 의한 민주적 정당성 보장원리에 대한 예외를 헌법적 차원에서 인정하고 있는 것이다.

그러나 개별 법관들의 재판권 행사가 국민의 의사에 맞게 행사되어야 한다는 민주적 정당성의 원리는 재판권의 영역에서도 실현되어야 하므로 지휘감독관계에 의한 통제방법과는 다른 차원에서 재판권 행사의 적정성에 대해 국민의 관점에서 통제할 수 있는 구조가 마련되어야 한다. 그렇지 않으면 개별 법관들의 자의적인 재판권 행사가 있는 경우 이를 통제할 수 없게 되고 이는 국민의 의사를 반영하여야 하는 민주주의의 원리에 반하게 된다.

지휘감독관계와는 다른 차원에서 개별 법관들의 재판권 행사가 국민의 의사에 맞도록 통제하는 방법으로 마련된 것이 심급구조와 상급심 재판의 기속력이다. 즉, 재판권 행사에 있어서는 지휘감독관계가 아니라 법원에 심급을 두고 하급심 법원의 재판은 최종심까지는 확정되지 않은 상태에 두면서 상급심 법원의 판단에 기속력을

부여하여 최종적으로는 최종심의 판단에 의해 하급심 재판의 적정
성이 통제되도록 하는 체제를 통하여 재판권 행사가 국민의 의사에
맞게 행사되도록 통제하는 것이다. 다만, 여기서의 국민의 의사는
다수결에 의한 국민의 의사가 아니라 소수자도 포함한 국민 전체의
의사를 의미하며 따라서 다수결의 원리에 의해 지배되는 의회의 통
제에 대해서는 예외가 인정되는 것이다.

한편, 관료적 체계에 의한 직업법관들이 재판권 행사를 하는 경
우가 아니라 국민이 직접 재판권 행사를 하는 배심재판의 경우는
민주적 정당성과 관련하여 다른 차원의 정당성 체계가 마련되는 것
이다. 즉, 배심재판은 국민의 대표가 직접 유·무죄의 사실판단을 하
는 것이고 직업법관은 이에 관여하지 않으므로 국민의 대표가 판단
한 것을 국민의 의사에 맞는지 통제할 필요가 없는 것이다. 미국의
배심재판에서는 배심원이 판단한 유·무죄에 대해 상소를 허용하지
않고 있는데 민주적 정당성의 관점에서 보면 이해될 수 있다.

## 4. 지휘체계 구성에 있어서 본원적 권한과 파생적 권한의 규율체계

### (1) 본원적 권한과 파생적 권한

행정권을 담당하는 기관들을 조직함에 있어 헌법과 법률에 의
해 곧바로 그 권한을 부여받는 담당자가 있고 그와 같은 담당자로
부터 권한을 위임받아 행사하는 담당자가 있다. 전자를 본원적(本源
的) 권한이라 하고, 후자를 파생적(派生的) 권한이라 할 수 있겠다.

예를 들어 헌법은 대통령을 국가원수로 규정하고, **행정권은 대
통령을 수반으로 하는 정부에 속한다고 규정한다**(헌법 제66조 제1항,
제3항). 유의할 것은 헌법이 행정권을 대통령의 권한으로 규정하고
있지 않다는 점이다. 다만 대통령은 정부의 수반이므로 행정권의 귀
속체인 정부를 통할하는 것이다. 즉, 헌법이 대통령에게 부여한 권

한은 행정권의 주체인 정부의 통할권이다.

헌법은 행정권의 귀속체인 정부의 조직에 관하여 국무총리와 국무회의, 그리고 행정각부를 규정한다. 그리고 행정각부의 조직은 법률로 정하도록 하고 있는데 이에 따라 정부조직법이 있다. 그러므로 행정각부 장관의 그 부 업무에 대한 권한은 헌법과 정부조직법에 따라 직접 부여받은 본원적 권한이며 대통령으로부터 파생되는 권한이 아니다.

반면에 헌법 제74조 제1항은 대통령을 군 통수권자로 규정하고 있는데 이에 따른 국군조직법도 제5조에 대통령을 군 통수권자로 규정하고, 제6조에서 **국방부장관이 대통령의 명을 받아 합동참모의장과 각 군 참모총장을 지휘·감독한다고 규정**하고 있다. 여기서 국방부장관이나 합동참모의장의 권한은 군권에 대한 본원적 권한자인 대통령의 권한을 위임받은 파생적 권한이다.

### (2) 본원적 권한자의 파생적 권한자에 대한 지휘관계

위와 같이 파생적 권한자는 본원적 권한자로부터 권한을 위임받아 행사하므로 그 권한을 행사함에 있어 본원적 권한자와 파생적 권한자의 관계는 지휘감독관계로 설정된다. 지휘감독관계는 포괄적인 지휘관계로서 일반적으로는 파생적 권한자가 자율적으로 권한을 행사하나 필요한 경우에는 본원적 권한자가 지휘권을 행사하여 그 권한 행사가 국민의 의사에 맞게 행사되도록 통제한다.

### (3) 하부기관을 설정하는 관계적 용어로서 '지휘를 받아'라는 문구

지휘관계를 설정함에 있어서 ① 권한자의 보조기관을 통해 권한을 행사할 수도 있지만 ② 본원적 권한자와 파생적 권한자의 관계와 같이 권한자의 권한을 다른 행정기관에 포괄적으로 위임하면서 위임받는 자가 권한자의 지휘계통하에서 자율적으로 권한 행사를 할 수 있도록 하고 권한자는 필요한 경우 지휘감독권을 구체적으로 행사하는 관계를 설정하는 경우가 있고, ③ 본원적 권한자들 간에 지휘관계를 설정하는 경우가 있다.

　　이러한 지휘감독의 관계 중에서 권한의 위임과 이에 따른 지휘계통을 설정하는 경우에 '명을 받아' 또는 '지휘를 받아'와 같은 문구를 사용한다.[24] 이 문구는 법률상 권한이 위임될 때 위임되는 권한을 특정하여 위임하는 경우도 있지만[25] 특정부분의 위임이 아니라 전체 권한을 지휘계통 아래에서 포괄적 위임하는 경우에 이와 같은 문구를 사용한다.

　　이러한 문구에 따른 지휘계통의 설정은 ① 하부 행정기관으로 설정되는 경우도 있고 ② 행정기관 내부조직 간의 지휘관계로 설정되는 경우도 있다. 별도의 관청으로서 하부 행정기관이 설정되는가 아니면 행정기관 내부의 조직상의 지휘관계가 설정되는가는 규정에 따라 결정된다.[26]

---

24) 예를 들면, 대통령과 국무총리의 관계에 관한 헌법 제86조 제2항, 군통수권과 각 군 지휘계통에 관한 국군조직법 제6조, 제8조(국방부장관은 대통령의 명을 받아 군사에 관한 사항을 관장) 등, 경찰권자로서의 경찰청장과 지방경찰청장, 그리고 경찰서장 등의 지휘계통에 관한 경찰법 제14조 제2항(지방경찰청장이 경찰청장의 지휘·감독을 받아 관할 구역의 국가경찰사무를 관장), 제17조 제2항(경찰서장은 지방경찰청장의 지휘·감독을 받아 관할 구역의 소관사무를 관장), 대한민국 재외공관 설치법 제5조 제3항(대사관, 공사관의 장인 특명전권대사와 특명전권공사는 외교부장관의 명을 받아 소속 공무원을 지휘·감독), 개정 전 형사소송법 제196조 제1항(사법경찰관은 모든 수사에 관하여 검사의 지휘를 받음) 등을 들 수 있다.
25) 예컨대 건축법 제82조 제1항은 국토교통부장관이 이 법에 따른 권한의 일부를 대통령령으로 정하는 바에 따라 시·도지사에게 위임할 수 있다고 규정하고 있다.
26) 예컨대 검찰청법 제16조는 대검찰청에 설치되는 부, 국, 과의 부장, 국장 및 과장은 상사의 명을 받아 소관 부, 국, 과의 사무를 처리하며 소속 공무원을 지휘·감독한다고 규정하고 있는데 이때에는 대검찰청이라는 기관의 내부조직으로서 설치되는 부, 국, 과의 장이 검찰총장으로부터 이어지는 지휘계통하에서 그 부, 국, 과에 부여되는 업무의 범위 내에서 포괄적인 위임을 받아 업무를 하는 관계를 설정하고 있다.

그런데 이와 같은 규정에 의해 하부 행정기관의 관계가 설정되는 경우 하부 행정기관은 상급기관의 지휘계통하에서 상급기관의 일반적 지시의 범위 내에서 일상적으로는 자신의 권한과 책임으로 행위를 하되 구체적인 사건에 있어 상급기관이 지휘할 필요가 있는 경우 그 지휘가 있으면 이에 따라 행하는 것이다.

예를 들어 국무총리는 대통령의 명을 받아 행정각부를 통할하는데 행정각부 통할권은 본원적 통할권자인 대통령의 권한으로부터 파생된 통할권으로서 대통령의 지휘체계하에서 그 권한을 행사하는 것이다. 그렇지만 이러한 업무를 함에 있어서 사사건건 대통령의 명을 받아야 하는 것이 아니고 대통령의 지휘계통하에서 일상적으로는 국무총리가 스스로 통할업무를 하되 대통령은 필요한 경우 일반적인 규범적 지시나 구체적 사안에 따른 구체적 지시를 하면서 지휘감독을 하게 된다.

그런데 이 문구에 따른 하부 행정기관의 설정은 행정기관 내부 조직 간의 업무분장 및 이에 따른 권한위임과는 다르다. 행정기관 내부의 부, 과, 계 등의 행정기구와 소속직원들은 그 행정기관의 장의 직접적인 지휘감독하에서 행위하고 그 행위도 최종적으로는 그 장의 권한과 책임으로 행하게 된다. 예컨대 세무서의 소득세과 과장이 위임전결 규정에 따라 과장에게 부여된 권한을 전결처리하더라도 그 행위는 세무서장의 명의로 행해지는 것이다.

## Ⅲ. 정부 기능을 위한 지휘체계 일원화

### 1. 정부 의사의 단일·통일성

어떤 문제에 대해 정부가 행정권을 행사하기 위해 어떤 의사결정을 하고 이를 집행하기 위해서는, 그 의사결정 과정에서 여러 가지의 견해들이 제시되고 토론을 거치더라도 최종적으로는 하나의 의사로 통일되어 결정되어야 한다. 그래야만 그 결정을 집행하여 국가를 운영할 수 있기 때문이다.

예컨대 환경 규제정책에 대한 정부의 방향설정에 있어서 토론과정을 거치더라도 하나의 정책으로 결정되어야 집행될 수 있을 것이고 서로 다른 의사가 계속 충돌을 하면 집행될 수 없을 것이다. 또한 예를 들어 국방과 관련하여 사드 미사일을 국내에 배치할 것인가라는 문제에 대하여 내부결정 과정에서 토론을 거치더라도 최종적으로는 배치할 것인지 아니면 하지 않을 것인지에 대해 하나의 의사결정이 이루어져야 정책 집행을 할 수 있는 것이다.

## 2. 지휘체계 일원화

### (1) 하나의 결정기관

이와 같이 어떤 문제에 대해 정부가 어떤 의사결정을 하고 이를 집행하기 위해서는 **최종적으로 그 정부의 의사가 하나로 결정되고 하나로 표시되어야 한다.** 이를 위해서는 정부의 의사를 최종적으로 결정하고 책임을 지는 기관이 하나이어야 한다.

### (2) 1영역 1장관

앞에서 본 바와 같이 행정권력의 민주적 정당성과 관련하여 현행 헌법은 국무위원인 장관이 국민의 대표인 국회에 대해 책임을 지고 국회는 장관을 통해 정부권력을 통제하고 있다. 이에 따라 정부조직법은 행정권의 각 영역을 나누어 각 영역의 책임자로서 장관을 두고 있다.

그런데 정부의 의사는 그 기능을 위해서는 어떤 영역에서든 통일·단일화된 의사결정을 하여야 하므로 그 의사결정자로는 행정권의 각 영역마다 1명의 장관을 두고 있다. 예를 들어 국방의 영역에 국방부장관을 국방부 1장관과 국방부 2장관의 2명을 둔다고 하자.

사드 미사일 배치와 관련하여 1장관과 2장관의 의사가 다를 때에는 국방부에서는 이 문제에 대해 결정을 하지 못한다. 그렇게 되면 사드배치라는 문제에 대해 국가의사가 집행될 수 없는 것이다. 또한 예를 들어 행정권인 조세권의 행사에 있어 국세1청과 국세2청을 두어 같은 사안에 대한 조세권 행사를 하게 하였는데 국세1청에서는 조세를 부과해야 한다고 하고, 국세2청에서는 조세를 부과하지 말아야 한다고 하며 의사가 다를 때에는 조세권 행사가 불가능한 것이다.

### (3) 지휘체계 일원화

이와 같이 국가의사의 단일·통일된 결정을 위하여 1영역 1장관을 두면 각 영역에 있어서는 해당 장관이 그 영역의 사무를 처리하는 공무원들에 대한 지휘감독권을 행사할 수 있어야 민주적 정당성의 통제체계가 이루어진다.

이와 같이 국가의사를 하나로 결정하기 위해서는 최종적인 결정기관이 결정을 하면 다른 기관들은 이에 따라야 하는 관계가 설정되어야 하는데 지휘체계가 이를 달성하는 방법 중 하나이다. 즉, 의사결정권자인 1인의 장관 예하로 해당 영역의 권한을 행사하는 공무원들에 대한 지휘체계의 일원화가 필요하다.

예를 들어, 국방 영역에 대한 책임을 지는 국방부장관의 지휘체계하에 있지 않으면서 국방 영역에 대한 권한 행사를 할 수 있는 기관을 둔다면 그 기관의 권한 행사에 대해서는 국방부장관이 이를 통제할 수 없으므로 국방부장관이 이에 대해 책임을 질 수 없으며, 국방부장관의 지휘를 받지 않으면서 국방에 관한 권한을 행사하는 그 기관은 또한 민주적 정당성을 갖출 수 없다.

이러한 의사결정의 일원화는 지휘권으로 체계를 이루지 않는 법원에도 마찬가지로 적용된다. 다만, 이는 지휘체계 일원화가 아니라 심급제도와 상급심 판결의 기속력에 의해 이루어진다. 법원도 법

해석에 있어 단일성을 이루어야 국가기관으로서 기능할 수 있을 것
인데 이를 위해 심급제와 상급심 판결의 기속력을 통해 최종적으로
대법원을 결정권자로 하여 의사를 통일하는 것이다.

## Ⅳ. 종전의 수사·공소권 관련 민주적 정당성 체계와 지휘 체계

### 1. 수사·공소권의 행정권으로의 편입과 사법적 성격의 문제

프랑스 혁명 이전의 규문시대에는 수사·공소권도 법원의 권한
이었다. 물론 이 당시는 주권자가 왕이며 수사·공소권도 왕의 주권
으로부터 유래되는 것이었고 법원은 왕의 관료인 법관이 왕의 권한
을 행사하는 기관이었다. 그런데 법원이 수사와 공소를 포함하는 소
추업무와 재판업무를 함께 함에 따른 폐해에 대한 반성에 따라 프
랑스 혁명 이후에 수사와 공소를 담당하는 소추업무를 분리하여 이
를 검찰이 담당하도록 하였다.

한편, 프랑스 혁명에 따른 민주국가의 성립에 따라 주권은 왕으
로부터 국민의 것으로 이전되었고 3권 분립 원리에 따라 재판권은
법원이 담당하게 되었다. 이때 종래에 법원이 관장하던 업무 영역
중 일부인 소추권(수사와 공소의 진행)을 행정권에 속하는 것으로 할
것인지 법원의 재판권과 마찬가지로 행정권과는 다른 독립된 권한
으로 할 것인지를 두고 논의가 있었는데 결국 순수한 재판권만 행
정권과 분리되는 독립된 영역으로 하고 소추권(수사와 공소의 진행)
은 행정권의 일부로 편입하게 되었다. 이에 따라 이 업무를 담당하
는 기관으로 도입된 검찰도 행정부의 일부가 되었다.

한편, 행정부에서 사법과 관련된 업무를 담당하는 것은 법무부이
므로 이에 따라 검찰은 법무부 소속으로 설치되었고 법무부장관의 지
휘권하에 속하도록 하여 행정권에 대한 민주적 정당성의 체계 안에

구성되게 되었다.

　　그러나 검사가 행하는 수사와 공소는 광의로 보면 분쟁의 법적 해결이라는 사법의 기능의 일부이며 재판과 밀접한 관련이 있는 성질이 있다. 그래서 행정권에 속하면서도 사법적 성격을 가지는 기능을 가진다고 하며 준사법기관이라고 하기도 한다.[27] 따라서 그 기능의 적정한 수행을 위해서는 중립성과 객관성이 필수적이며 법관에 준하는 독립성도 보장될 필요가 있다.

　　이에 따라 검찰은 지휘관계에 있어 행정부의 다른 기관들과는 구별되는 장치를 두고 있고, 또한 사법의 영역에서 정부를 대표하여 법원에 대응하여 직무수행을 하는 것이므로 자격, 처우, 신분보장 등에 있어서 법관에 준하도록 규율되고 있다.

## 2. 검사의 수사·공소권 관련 민주적 정당성 체계와 지휘체계

### (1) 관계 법령

### 1) 형사소송법

　　형사절차의 기본규범인 형사소송법에서는 개정 전에는 수사권을 부여하는 조문인 제195조에서 검사를 본원적 수사권자로 규정하고 있었다. 개정 전 형사소송법상 수사권과 관련한 일반 규정으로서는 검사의 수사권을 규정한 형사소송법 제195조, 사법경찰관리의 자격과 수사권을 규정한 형사소송법 제196조 제1항, 제2항이 있었다. 그 외 개별적인 수사행위와 관련한 개별조문들이 있으나 이는 강제처분이나 특별한 수사행위와 관련된 절차규정이고 이러한 권한들을

---

27) 검사의 사법적 성격에 대하여 ① 사법기관이라는 설(배종대/이상돈/정승환/이주원, 『신형사소송법』, 홍문사, 2013, 46-47면)도 있으나 ② 준사법기관이라는 견해가 통설이다(손동권/신이철, 『새로운 형사소송법』, 세창출판사, 2013, 55면; 신동운, 『간추린 신형사소송법』, 법문사, 2013, 11면; 신현주, 『형사소송법』, 박영사, 2002, 101면; 이은모, 『형사소송법』, 박영사, 2012, 63면; 정웅석/백승민, 『형사소송법』, 대명출판사, 2014, 65면).

종합하는 총체적 개념으로서의 수사권을 규정한 것은 위 조문들이다.

개정 전 형사소송법 제195조는 검사의 수사라는 제목하에 "검사는 범죄의 혐의가 있다고 사료하는 때에는 범인, 범죄사실과 증거를 수사하여야 한다."고 규정하고 있다. 이 규정에 의해 검사의 수사권은 법률에 의해 곧바로 부여되는 것이며 다른 기관의 권한으로부터 파생되어 나온 권한이거나 다른 기관으로부터 위임받은 권한이 아닌 것이다. 즉, 본원적인 수사권이다.

### 2) 검찰청법

형사소송법에서 수사권의 행사자로서 검사를 규정하고 있지만 구체적으로 수사권을 행사하는 검사가 누구인가는 조직법상으로 규율되어야 한다.

정부조직법은 정부의 법무업무, 즉 검찰·행형·인권옹호·출입국관리 그 밖의 법무업무를 관장하는 기관으로서 법무부장관을 두도록 하고 있다(정부조직법 제32조 제1항). 한편, 검찰사무를 관장하는 기관으로서 법무부장관 소속으로 검찰청을 설치하도록 하고(정부조직법 제32조 제2항), 조직, 직무 범위 등에 관하여 따로 법률로 정하도록 하고 있는데(정부조직법 제32조 제3항) 이에 따른 법률로서 검찰청법이 있다.

검찰청법에 의하면 검찰청은 검사의 사무를 총괄하는 중앙행정기관이며(검찰청법 제2조), 동법 제4조 제1항 제1호는 범죄수사를 검사의 직무와 권한으로 규정하고 있다. 그런데 여기서 검사의 직무권한에 대해 "법무부장관의 명을 받아" 또는 "법무부장관의 지휘를 받아"와 같이 법무부장관의 권한을 위임받아 행사하는 관계로 규정하지 않고 있다. 즉, 검사의 권한은 법무부장관의 권한으로부터 파생된 것이 아니라 법률에 의해 직접 부여된 본원적 권한이다. 다만, 법무부장관의 지휘감독관계에 있으며 이에 대해 검찰청법은 다른 행정기관과 다른 특칙 규정을 두고 있다(검찰청법 제8조).

## (2) 검사의 지휘체계와 민주적 정당성
### 1) 내부적 지휘체계와 외부적 지휘체계

검사가 수사·공소권과 관련된 본원적 권한자이기는 하나 검사를 지휘를 받지 않는 독립된 권한자로 할 것인가 아니면 지휘를 받는 권한자로 할 것인가는 다른 차원의 문제이다. 검찰청법은 검사의 지휘체계를 검찰총장을 정점으로 하는 내부적 지휘체계와 법무부장관의 지휘라는 외부적 지휘체계로 규정하고 있다.

### 2) 민주적 정당성과 외부적 지휘체계
#### 가) 헌법상 기구적 정당성과 인적 정당성

민주적 정당성의 요구 중 헌법상에 그 설치 근거가 있어야 한다는 헌법상 기구적 정당성의 관점에서 보면, 검찰청이 법무부 소속으로 설치됨으로써 헌법상 기구적 정당성이 확보되고 있다. 즉 헌법은 행정부를 국무총리와 행정각부로 구성하고 있는데, 헌법에 근거한 정부조직법 제32조 제1항에 검찰사무를 법무부장관의 사무로 규정하고, 법무부장관 소속으로 검찰청을 두되(정부조직법 제32조 제2항), 그 조직 등에 관한 사항을 법률로 정하도록 하였으며(정부조직법 제32조 제3항), 이에 따라 별도의 법률로서 검찰청법을 두고 있다. 따라서 검사에 대하여는 헌법 제96조 → 정부조직법 제32조 → 검찰청법의 순으로 그 설치에 관하여 헌법상 기구적 정당성이 확보되어 있다.

한편, 국가 권력기관의 임명에 있어 국민으로부터 위임받는다는 인적 정당성의 연결이 있어야 하는데 이는 선거로 직접 선출되거나 선거로 선출된 기관으로부터 임명된다는 연결로 정당화된다. 검사는 선출된 권력인 대통령으로부터 임명됨으로써 인적 정당성을 부여받는다.

　나) 실질적 정당성과 지휘체계

　나아가 실질적 정당성의 측면에서 검사의 권한 행사도 상시적으로 국민의 의사에 적합하게 행사되어야 하며 이는 국민의 대표기관인 국회에 의한 상시적 통제와 국회에 대한 책임으로 보장된다. 이러한 책임구조로부터 예외가 인정되려면 국회의 통제가 미치지 않아도 될 정도로 권력적 성격이 적은 경우가 아닌 한[28] 국민 전체의 의사인 헌법규범에 의한 예외가 필요하다. 헌법은 검사의 권한 행사와 관련하여 국회에 대한 책임성에 대해 예외를 인정하지 않고 있으므로 검사도 이러한 책임의 체계 속으로 편입되어야 한다.

　정부조직법은 검찰청을 법무부 소속으로 규정하고 있으며 검찰청법은 법무부장관의 검찰에 대한 지휘감독권을 규정하고 있는데 이는 검찰의 권력 행사에 대한 민주적 정당성을 보장하기 위한 요건이다.[29]

　다) 검찰의 정치적 중립성과 장관의 지휘권 폐지 논의

　행정부의 한 조직으로서 검찰도 민주적 정당성의 원리상 장관의 지휘체계하에 속하게 되어 있지만 앞에서 본 바와 같이 검사가 행사하는 수사·공소권의 사법적 성격에 따라 중립성과 객관성을 보장할 필요도 있다. 이에 따라 특히 정치적 공무원인 장관이 검찰에 대해 지휘권을 행사하는 것이 검찰의 정치적 중립성을 해할 우려가 있다는 이유로 개별 사건에 있어 장관의 지휘권을 부정하려는 논의

28) 이러한 예로 법률로써 독립성이 규정되어 있는 국가인권위원회(국가인권위원회법 제3조 제1항, 제2항)를 들 수 있다. 이러한 기관에 독립성을 부여한 것은 독립적 업무수행의 필요성과 함께 민주적 정당성의 관점에서 보면 권력적 성격이 적다는 이유이므로 이러한 기관이 일정한 처분권과 같이 권력적 성격의 권한을 가지게 되면 헌법적 수준의 민주적 정당성 요구와 충돌한다. 그렇기 때문에 인권위원회의 인권침해 구제 관련 조치도 권고에 그치도록 한 것이다.

29) 독일 Brandenburg주 검찰총장인 Rautenberg는 검찰을 행정부에 배치한 현행 독일기본법상으로는 장관의 지휘권 부정은 의회에 대한 책임과 민주적 통제원리에 반하게 된다고 하면서 지휘권 부정을 위해서는 기본법 개정이 필요하다고 한다. Rautenberg, "Abhängigkeit der Staatsanwaltschaft", GA 2006, 356ff; Hund, "Brauchen wir die unabhängige Staatsanwaltschaft?", ZRP, 1994, 471.

도 있다.[30]

　그러나 장관의 지휘권을 부정하는 것은 민주적 정당성의 연결에 단절을 가져오게 되므로 이를 부정하려면 민주적 정당성이 인정될 수 있는 다른 방법을 강구하여야 한다.[31] 그러한 방법으로는 검사를 직접 선거로 선출하여 직접적 정당성을 부여하는 방법이 있을 수 있는데[32] 이는 의회를 중심으로 하는 권력통제구조에 중대한 변화를 초래하는 것이고 중앙집권적 국가권력 배분에도 변화를 초래하므로 이에 따른 전체적 구조변화를 충분히 검토할 필요가 있을 것이다.[33]

---

30) 손동권/신이철, 앞의 책, 59면; 김희수/서보학/오창익/하태훈, 『검찰공화국 대한민국』, 삼인(2011), 253면.
31) 이러한 민주적 통제의 단절은 민주적으로 통제되지 않는 검찰이 국가를 지배하는 나라가 될 우려가 있고, 개별 검사들이 자의적인 수사, 공소권 행사나 부패로 가는 문을 여는 것과 같다고도 비판된다. Unterberger, "Weisungsrecht: Warum die Abschaffung falsch wäre", www.andreas－unterberger.at/2014/11/weisungsrecht－warum－die－Abschaffung－falsch－wäre/
32) 미국의 많은 주에서 검사를 선거로 선출하는 제도를 채택하고 있다. 채동배, 『법으로 보는 미국』, 살림(2004), 73－82면.
33) 독일에서도 법무부장관의 지휘권 폐지를 주장하는 논의가 지속적으로 제시되나 지휘권 폐지가 현실화되지는 않고 있다. 1970년 독일법관협회의 검찰위원회에서도 이러한 제한을 한 일이 있으나 현실화되지는 못하였다. Kommission für die Angelegenheiten der Staatsanwälte im Deutschen Richterbund, DRiZ 1970, 187; Krey/Pföhler, "Zur Weisungsgebundenheit des Staatsanwaltes－Schranken des internen und externen Weisungsrechts", NStZ 1985, 146. 또한 최근으로는 2003. 9. 21. 드레스덴에서 Sachsen주 신법관연합(Neuen Richtervereinigung Sachsen), 민주와 인권을 위한 유럽 법률가 연합, 민주주의를 위한 법률가 연합 등이 공동주최한 국제회의에서도 구체적 사건에 관한 법무부장관의 지휘권을 폐지하는 것을 중심으로 한 선언문이 채택되기도 하였고(www.vdj.de/Erklaerungen/2003－09－21_Dresdener－plaedoyer.html), 2004. 3. Nordrhein－Westfalen주에서 기민당이 법무부장관의 지휘권을 폐지하는 법안을 제출하기도 하였으나(제안서 전문은 Nordrhein－Westfalen Drucksachen 13/5111에 게재되어 있으며 주의회 인터넷 홈페이지인 www.landtag.nrw.de/portal/www/Webmaster/GB_1/1.4/Dokume에 게시되어 있다) 입법화되지는 않았다. 그 외 독일에서의 논의에 대해서는 김종구 외 7인, 『검찰제도론』, 법문사(2012), 192－194면 참조.

라) 장관의 지휘권 제한 논의

한편, 민주적 정당성의 보장을 위해 장관의 검찰에 대한 지휘관계를 인정하더라도 구체적 사건에서의 정치적 중립성을 보장하기 위해 법해석의 방법으로 장관의 지휘권을 제한하려는 논의도 있다. 이 견해는 법무부장관의 지휘권은 의회에 의한 국민의 통제를 위하여 인정되는 최후적 수단이므로 이는 검찰권 행사가 위법하거나 심히 부당하여 도저히 묵과할 수 없는 경우에만 극히 제한적으로 행사되어야 한다고 한다.[34] 또한 최후수단으로서 행사되는 경우에도 지휘권 행사 자체가 사건 외적인 영향력, 특히 정치적 영향력을 미친다는 외관과 오해를 불러일으킬 수 있으므로 최대한 자제되어야 한다고 한다.

또한 최근 독일 Schleswig-Holstein주에서는 법무부장관이 구체적 사건과 관련하여 검찰에 지시를 할 때에는 수사장애 등의 특별한 사유가 없는 한 주의회 의장에게 통보하도록 하는 법규정을 도입하였다.[35]

마) 검찰총장을 통한 정치적 중립성 보장 장치

민주적 정당성의 요구에 의한 장관의 지휘체계에 대해 예외를 인정하지는 않되 장관의 지휘권에 의한 정치적 영향력 행사를 차단하고 검찰의 정치적 중립성을 확보하기 위해 검찰청법 제8조는 법무부장관은 구체적 사건에 대하여는 검찰총장만을 지휘·감독한다고

---

34) 예컨대 2004. 11. 23. 독일 Mainz에서 개최된 독일 법관협회 Rheinland-Pfalz주 분회의 50주년 기념행사에서의 논의결과 발표에서 당시로서는 장관의 지휘권 규정의 개정을 요구하지는 않으나 구체적 사건에서는 극히 예외적으로(außerorden tlich selten) 행사되어야 한다고 주장되었다. www.richterbund-rlp.de/index.ph p?_=&kat_id=6&aktion=zeig&art_id=34/

35) Schleswig-Holstein주 법무부 인터넷 홈페이지 2014. 10. 10.자 언론공보자료에서는 주 법무장관 Anke Spoorendonk가 법률 제정을 환영하는 취지의 언급을 하고 있다. www.schleswig-holstein.de/MJKE/DE/Sevice/Presse/PI/2014/Justiz/1 41010mjke_weisungsrecht.html/

규정하고 있다.[36]

이 규정은 검찰총장이 법무부장관과 대등한 지위에서 지시의 위법성이나 부당성에 대해 판단하도록 하여 정치적 영향력을 차단하고자 하는 점에 의의가 있다. 그렇기 때문에 검찰총장은 장관급으로 하고 있으며 다른 행정각부에서 외청장을 차관급으로 하고 있는 것과 다르다.

여기서 검찰총장만을 지휘한다는 제한문구의 규범적 의미는 법률상 지휘권 행사와 관련된 법적 효과가 제한되는 점에 있다. 일반적으로 법률상 지휘권에 의해 발동되는 지시는 그것을 따르는 경우 범죄가 되는 경우와 같이 명백하게 불법임을 알 수 있는 경우[37]가 아니면 이에 따라야 한다는 점에 의의가 있다. 따라서 지휘권자의 지시에 대하여는 이와 같이 불법이라고 할 정도의 중대한 위법 여부에 대하여는 판단을 하여 따르지 않아도 되지만 그에 이르지 않는 한 그 타당성에 관한 사유로 지시를 거부하여서는 안 되는 것이다. 대신에 지시에 따르면 그 당부에 대한 책임은 지휘권자가 지며, 이에 따른 사람은 책임에서 벗어나는 효과가 있다. 이것이 일반적인 경우의 지시권의 효과이다.[38]

---

36) 독일에서도 법무장관이 지휘권을 검찰총장만을 통해 지휘한다는 점은 프로이센에서 검찰제도가 도입된 후 곧 정착되었다. 법규정상으로는 검찰총장만을 지휘한다는 규정이 없으나 학계, 실무에서 이론 없이 이와 같이 해석하고 실무를 운영하고 있다. Schmidt/Schoreit, *StPO-Karlsruher Kommentar*, C.H. Beck, 2004, GVG §147 Rndr. 4.

37) Schmidt/Schoreit, *StPO-Karlsruher Kommentar*, C.H.Beck, 2004, GVG §146 Rndr. 11에서는 따르지 않아도 되는 경우를 erkennbar strafbar oder ordnungswidrig(형벌이나 질서벌 대상임을 명백히 알 수 있는 때)로 설명하고 있는데 여기서 ordnungswidrig는 단순한 규정위반을 의미하는 것이 아니고 독일법상 질서벌 법규인 Gesetz über Ordnungswidrigkeiten에 의해 처벌되는 경우를 말한다. 즉, 지시에 따른 행위가 처벌될 수 있는 정도의 경우이다.

38) Schmidt/Schoreit, *StPO-Karlsruher Kommentar*, C.H.Beck, 2004, GVG §146 Rndr. 11.

그런데 검찰총장만을 지휘한다는 것은 법무부장관의 지휘권 행사에 대하여 그 지휘의 합법성이나 타당성 여부를 검찰총장이 스스로의 책임하에 검토하여야 할 의무와 권한을 부여하는 것을 의미한다. 이 조문에 따라 검찰총장은 법무부장관의 지휘를 스스로 검토하여 다시 자신의 지휘로서 소속 검사에게 지휘를 하는 것이다. 즉, 검찰총장이 법무부장관의 지시를 받아들여 일선청에 지시를 하는 경우 이는 법무부장관의 지시를 단순히 전달하는 것이 아니라 검찰총장 자신의 지휘로서 지시하는 것이 된다. 따라서 법무부장관의 지휘를 수용하여 소속검사에게 지시하는 경우 검찰총장은 그 지시에 대하여 스스로 책임을 지는 것이며, 이에 따른다고 하여 그 책임이 법무부장관에게 이전되는 것이 아니다.

그러므로 법무부장관과 검찰총장 사이에 구체적 사건처리에 있어 이견이 있는 경우 법무부장관의 지시권 행사는 정치적으로 어려운 문제를 야기한다. 법무부장관의 지시가 부당한 경우 검찰총장이 이를 수용하면 스스로도 부당한 지시를 한 책임을 지게 되므로 검찰을 더 이상 지휘하기 어려울 것이기에 그 직을 유지하기 어렵다.[39] 반면에 검찰총장이 법무부장관의 지시를 거부할 수 있다고 한다면 국민에 대한 책임과 지휘로 연결되는 민주적 정당성에 공백이 생기고 이는 법치주의적으로 문제가 발생하였을 때 이를 시정할 수 없다는 문제가 발생한다.

그러므로 검찰총장이 장관의 지시를 거부하고 그 직을 그대로

---

39) 2005년에 모 교수에 대한 국가보안법위반 사건 수사시에 천정배 법무부장관이 김종빈 검찰총장에게 불구속 수사하라는 지시를 한 일이 있다. 일선청인 서울중앙지검과 검찰총장의 의견은 사안의 성질상 구속수사의견이었고 구속, 불구속과 같은 수사의 방법상 문제는 검찰권 행사가 법치주의적으로 볼 때 묵과할 수 없는 정도로 남용되는 등의 문제상황이 아닌 한 검찰의 의견이 존중되어야 하고 법무부장관이 지시권을 행사해서는 안 된다는 의견이었는데 이러한 의견에도 불구하고 지시권이 행사되었다. 당시 이 지시에 대해 검찰총장은 이를 수용하고 서울중앙지검에 불구속 수사 지시를 한 후 사직하였다.

유지하기도 어려울 것으로 보이고 법무부장관 또한 지휘권 행사를 적절히 하지 못한 정치적 책임으로부터 자유로울 수 없을 것으로 보인다.[40] 현실에서 법무부장관과 검찰총장의 의견이 대립되는 상황이 해결되지 않고 장관의 지시권이 행사되는 것은 법무부장관이든 검찰총장이든 직을 물러나야 하는 정치적 문제가 될 것이므로 극히 예외적으로 행사될 수밖에 없다.

이러한 점에서 법무부장관의 지휘체계가 구체적 사건 처리에 있어서는 제한되고 있지만 이것은 검찰권 행사의 정치적 중립성을 보장하기 위한 장치라는 점에서 특징이 있다. 이 점에서 검찰에 대한 장관의 지휘관계는 다른 행정기관과 다르다.

### 3) 내부적 지휘체계

개별 검사들의 권한 행사는 검찰총장을 정점으로 하여 단계적인 지휘체계하에서 행해지게 되는데 그 근거는 여러 가지를 들 수 있다.

### 가) 민주적 정당성의 규범적 근거

앞에서 본 실질적인 민주적 정당성의 관점에서 보면 국회에 대한 책임성과 장관의 지휘체계가 모든 검사에게 미쳐야 하므로 장관의 지휘권이 행해지는 검찰총장을 매개로 하고, 검찰총장을 정점으로 다시 개별 검사들에게 단계적으로 지휘권이 인정됨으로써 모든 검사들의 권한 행사가 장관을 매개로 하여 국민의 대표인 국회에 대해 책임을 지는 체계가 구성되게 된다.

---

40) 1949. 4. 이승만 정부 시절 서울지방검찰청에서 임영신 장관의 독직사건을 수사하였는데 법무부장관인 이인 장관의 지시(최대교 검사장은 기소유예를 지시하였다고 하나 이인 장관은 정치적 해결을 위해 기소를 미루라고 지시하였다고 한다. 문준영, "검찰중립과 화강 최대교－임영신 상공부장관 독직사건과 최대교－", 전북대학교 개교 60주년 기념 학술대회 발표논문, 2007, 9－11면.)에도 불구하고 권승렬 검찰총장, 최대교 검사장이 지시에 불복하여 1949. 5. 28. 임영신 장관을 불구속 기소하였다. 이에 이인 장관이 사퇴하였다.

나) 기능적 근거

① 국가의사의 단일·통일성을 위한 지휘체계의 일원화

앞에서 본 바와 같이 어떤 문제에 대해 국가가 어떤 의사결정을 하고 이를 집행하기 위해서는 국가의 의사가 하나의 의사로 통일되어 결정되어야 한다. 이와 같이 국가의사를 하나로 결정하기 위해서는 최종적인 결정기관이 결정을 하면 다른 기관들은 이에 따라야 하는 관계가 설정되어야 하는데 지휘체계가 이를 달성하는 방법 중 하나이다. 또한 통일·단일된 의사결정을 위해서는 최종적 지휘권자가 1인으로 단일화되어야 하는데 이를 위해 지휘체계의 일원화가 필요하다.

검사들이 모인 검찰도 국가기관으로서 기능하기 위해서는 최종적으로는 통일되고 단일화된 의사결정을 하여야 한다. 법원의 경우 판결이 확정될 때까지 그 효과를 유동적인 것으로 하고 사후적으로 시정할 수 있는 성질을 가지는 것과 달리 검찰의 업무는 즉시 효력을 발생하고 사후적으로 시정하는 것이 어려운 성질의 업무가 많아 (수사착수, 일정한 수사행위, 강제처분, 공소제기 등) 법원과 같이 사후 심급을 통해 통제할 수 없는 경우가 많으므로 지휘체계를 통한 사전통제 방식을 선택할 수밖에 없다.

② 신중한 의사결정을 위한 체계

검사의 수사권 행사나 공소권 행사는 국민의 기본권에 심대한 영향을 줄 수 있는 중요한 권력 행사이므로 신중한 의사결정이 필요하다. 신중한 의사결정을 위해서는 의사결정 기관을 합의체로 하는 방법과 지휘체계를 이용하는 방법이 있다. 예컨대 법원의 재판도 국민의 기본권에 심대한 영향을 주는 중요한 권력 행사이므로 심급제도 두고, 1심 재판부도 중요사건은 합의부가 재판하며, 2심과 3심 재판은 모두 합의부로 운영한다.

앞에서 본 바와 같이 검사의 수사권이나 공소권 행사는 심급제로 운영하기 어려운 경우가 많아 사전적인 통제체계가 필요하다. 또한, 합의체로 운영하는 경우는 원칙적으로 수사활동을 모두 합의체를 구성하는 검사들이 함께 해야 하는데(법원의 합의부 재판에 있어서 공판에 합의부를 구성하는 판사들이 모두 함께 재판정에 임석하여 재판을 진행하는 것과 같다) 개별적 수사활동을 합의체가 모두 함께 하는 것이 효율성이나 성질상 적절하지 않은 경우가 많다.

따라서 합의체로 하지 않고 지휘체계에 따른 결재제도를 이용하여 사건의 주임검사와 결재자들 간의 합의로 의사결정을 하는 것과 유사한 효과를 거둘 수 있는 것이다. 물론 합의체인 경우는 합의체를 구성하는 구성원들의 의사결정권이 대등하나 결재제도하에서는 의견이 불일치할 때 지휘권자의 의사가 우선되는 차이는 있다. 이러한 지휘체계에 따라 중요한 의사결정일수록 경험이 많고 책임을 질 수 있는 직에 있는 검사가 최종적 의사결정을 하게 된다.

③ 객관화된 정의 구현을 위한 의사결정권의 단계화

수사·공소권도 형사사법의 일부이며 정의의 구현을 목적으로 한다. 그런데 무엇이 정의인가에 관한 관점은 개별 검사들 각자가 다를 수 있다. 그런데 국가기관으로서 검찰이 구현해야 하는 정의는 개별 검사들의 개인적 정의관에 따른 정의가 아니라 국가적 차원에서 객관화된 적정한 정의이다.

이러한 객관화된 정의는 국가기관으로서의 검찰 전체의 정의관으로 나타나게 되며 지휘체계는 이를 시스템적으로 보장하게 된다. 그리하여 가장 중요한 결정은 검찰총장이, 일선청 차원의 결정은 검사장 또는 지청장 등 기관장이 의사결정을 하게 된다. 그런 의미에서 검사는 정의의 구현을 검찰 전체를 통해, 검찰 전체가 가지는 정의관으로 구현하게 된다.

### 3. 개정 전 사법경찰관 수사권의 민주적 정당성 체계와 지
###    휘체계

#### (1) 종전의 법률체계
#### 1) 형사소송법
#### 가) 사법경찰관의 수사권 규정

사법경찰관의 수사권은 형사절차의 기본규범인 형사소송법에서 규정하고 있다. 개정 전의 형사소송법은 먼저 제195조에서 검사를 본원적 수사권자로 규정하고 제196조에서 검사의 지휘계통하에서 수사를 하는 파생적 수사권자로서 사법경찰관을 규정하고 있었다. 이 조문은 수사권의 체계에 대한 조문이고 그 외 개별적인 수사행위와 관련한 개별조문들이 있으나 이는 강제처분이나 특별한 수사행위와 관련된 절차규정들에 불과하다.

개정 전 형사소송법 제196조 제1항은 수사를 할 수 있는 권한자로서 사법경찰관으로 수사관, 경무관, 총경, 경정, 경감, 경위를 나열하고 있다. 여기서 수사관은 현행법상으로는 검찰청법 제46조 제2항에 규정된 검찰수사서기관, 수사사무관 및 마약수사사무관을 말한다.

경찰 중에서는, 모든 경찰관을 사법경찰관으로 규정하지 않고 경무관 이하의 직급만으로 한정하고 있다. 이는 수사를 경찰 전체의 임무로 하지 않고 경찰 중에서 일정한 직급 이하의 경찰관의 임무로 한 것이다. 경찰의 임무는 치안이고 다만, 치안과 관련된 수사를 담당하는 것이 효율적이므로 이와 관련된 수사의 업무를 담당하되 일선의 실무자들인 경무관 이하의 경찰관만 검사의 지휘체계하에서 사법경찰관으로서 수사를 하도록 한 것이다.

이러한 경찰관들 중에서 구체적 사건에서 누가 수사주체가 될 것인지는 경찰법에서 정하고 있다. **경찰법은 경찰관서장을 관청으로**

제 1 장 권력기관 설치 원리로서의 민주적 정당성과 지휘체계 일원화  33

하고 있으므로 수사주체는 관청이 되는 관서장이다. 예를 들어 서초
경찰서 관내에서 수사권을 행사할 주체는 경찰서장(총경)인 사법경
찰관이고 그 소속하의 사법경찰관은 서초경찰서장의 보조기관일 뿐
수사주체는 아니다.

한편, 개정 전 형사소송법 제197조는 일정한 영역에 있어 그
영역에서 수사를 담당할 특별사법경찰관을 정할 수 있도록 하고 있
었다. 이에 따라 사법경찰관의 직무를 수행할 자와 그 직무범위에
관한 법률이 제정되어 행정의 각 영역에 종사하는 공무원들 중 일
정 직급의 사람들에게 그 업무영역과 관련된 수사를 할 수 있도록
하고 있다.

### 나) 검사의 지휘계통하의 파생적 수사권

한편, 개정 전 제196조 제1항은 이러한 사법경찰관들은 모든 수
사에 관하여 검사의 지휘를 받는다고 규정하고, 제2항은 사법경찰관
은 범죄의 혐의가 있다고 인식하는 때에는 범인, 범죄사실과 증거에
관하여 수사를 개시·진행하여야 한다고 하며, 제3항은 사법경찰관리
는 검사의 지휘가 있는 때에는 이에 따라야 한다고 규정하고 있다.

2011년의 개정 전에는 지휘계통을 의미하는 문구로 '검사의 지
휘를 받아' 수사하여야 한다는 문구를 사용하고 있었는데 이 문구가
제1항과 제2항으로 나뉘었다. 지휘에 따라야 한다는 문구는 검찰청
법 제53조에 규정되어 있던 복종하여야 한다는 문구를 한글 문구로
변경하여 형사소송법으로 이전하였다.

지휘를 받아 수사하여야 한다는 문구는 지휘계통을 말하는 것
이지 사법경찰관이 사사건건 미리 검사의 지휘를 받아야만 구체적
사건에 있어 수사를 할 수 있다는 의미는 아니라는 것은 이 지휘문
구에 대한 의미에 대해 앞에서 설명한 바 있다. 이 지휘관계에서 일
상적으로는 검사의 구체적 지휘 없이도 사법경찰관이 자율적으로
수사를 할 수 있다. 다만, 중요한 경우에는 검사의 지휘에 따라야

한다는 것이다.

### 2) 경찰법
#### 가) 행정안전부 소속의 경찰청

정부조직법은 정부의 업무 중 치안에 관한 사무를 처리하기 위해 행정안전부장관 소속으로 경찰청을 설치하도록 하고 있다(정부조직법 제34조 제5항). 치안을 담당하는 경찰청이 행정안전부 소속으로 설치되므로 행정안전부장관의 업무에 치안도 포함됨은 당연하다. 다만, 정부조직상 치안을 담당하는 경찰청을 외청으로 두고 행정안전부의 부서조직에는 치안을 담당하는 부서를 두지 않고 있다.

만약 행정안전부장관의 업무에 치안이 포함되지 않으면 민주적 정당성의 원리상 치안업무에 대해 국회에 책임을 질 장관이 없게 되어 치안과 관련한 민주적 정당성의 연결이 단절된다. 경찰청의 치안 관련 업무에 대해 잘못이 있으면 행정안전부장관이 정치적 책임을 지게 되므로 치안의 업무도 관장할 수밖에 없고, 경찰에 대한 통제권으로서 치안업무에 관한 행정안전부장관의 지휘감독권도 당연히 인정된다.

#### 나) 경찰의 임무와 수사

한편, 경찰법은 제2조 제1항에 "치안에 관한 사무를 관장하게 하기 위하여 행정안전부장관 소속으로 경찰청을 둔다."라고 규정하면서 제3조에 경찰의 임무로서 '1. 국민의 생명·신체 및 재산의 보호, 2. 범죄의 예방·진압 및 수사, 3. 경비·요인경호 및 대간첩·대테러 작전 수행, 4. 치안정보의 수집·작성 및 배포, 5. 교통의 단속과 위해의 방지, 6. 외국 정부기관 및 국제기구와의 국제협력, 7. 그밖의 공공의 안녕과 질서유지'를 규정하고 있다.

범죄의 예방·진압은 치안업무의 일부라 하겠고 그와 같은 예방·진압 업무와 그렇게 진압된 범죄의 수사는 현장에서 연결되는 상황이 많으므로 수사의 업무도 함께 하는 것이 효율적일 것이다.

그런데 경찰법 제3조 제2호가 범죄의 수사를 경찰의 임무로 규정하고 있지만 수사에 관한 기본법인 형사소송법에서 수사를 할 수 있는 수사권자를 경무관 이하의 직급으로 한정하고 있다.

그러므로 경찰법상 경찰의 임무로 규정된 수사는 형사소송법에 규정된 한도에서 이해하여야 하며 따라서 제3조 제2호에서 규정한 수사의 임무는 경무관 이하의 경찰관들의 임무이다. 만약 이 임무를 경찰 전체의 임무로 하려면 형사소송법에서 수사를 할 수 있는 사법경찰관의 범위를 경찰청장 이하의 모든 경찰로 확대하여야 할 것이다.

다) 경찰법상 경찰권의 담당자

경찰법은 경찰권의 담당자로서 제11조에 경찰청장을 규정하고 있다. 동조 제3항은 "경찰청장은 국가경찰에 관한 사무를 총괄하고 경찰청 업무를 관장하며 소속 공무원 및 각급 국가경찰기관의 장을 지휘·감독한다."라고 규정하고 있다. 경찰법에 경찰업무에 관하여 행정안전부장관의 지휘감독권에 관한 규정이 별도로 없지만 장관의 지휘감독권이 인정됨은 민주적 정당성의 원리와 정부조직법상[41] 당연하다.

한편 경찰청장을 정점으로 하여 그 지휘계통하에서 권한을 위임받아 경찰권을 행사하는 단계적 하부 행정기관으로 지방경찰청장과 경찰서장이 있다. 경찰은 특별시, 광역시와 도 단위로 지방경찰청을 두고 있는데 지방경찰청장은 경찰청장의 지휘·감독을 받아 관할구역의 국가경찰사무를 관장하고 소속 공무원 및 소속 국가경찰기관의 장을 지휘·감독한다(경찰법 제14조 제2항). 또한 지방경찰청 산하에 일정 지역마다 경찰서를 두고 그 경찰서장은 지방경찰청장의 지휘·감독을 받아 관할구역의 소관사무를 관장하고 소속 공무원

---

41) 정부조직법 제7조 제1항: 각 행정기관의 장은 소관사무를 통할하고 소속공무원을 지휘·감독한다.

을 지휘·감독한다(경찰법 제17조 제2항).

　이와 같은 단계구조에서 경찰청장, 지방경찰청장, 경찰서장은 각각 행정관청으로서 경찰권을 행사하며 지휘감독의 계통은 경찰청장 → 지방경찰청장 → 경찰서장으로 이어진다. 여기서도 예컨대 지방경찰청장이 사사건건 경찰청장의 지휘를 받아 소관사무를 처리하는 것이 아니라 경찰청장의 지휘계통하에서 필요한 때, 행해지는 지휘를 받지만 구체적 지휘가 없는 한 지방경찰청장이 자율적으로 그 권한하에서 사무를 처리하는 것이다.

### (2) 종전 법률체계에서 사법경찰관 수사권의 민주적 정당성 근거로서 검사의 수사지휘

#### 1) 사법경찰관 수사권 행사에 대한 민주적 정당성의 연결 문제

##### 가) 수사권 행사에 대한 책임자로서 법무부장관

　수사권은 국가의 형벌권 행사에 연결되고 이는 국가권력 중 매우 중요한 권력이다. 사법경찰관도 그러한 수사권을 행사하는 한 그 권력 행사가 국민의 의사에 적합하게 행사되도록 하는 통제체제 안에 들어와야 함은 당연하다.

　앞에서 본 바와 같이 상시적으로 국민의 의사에 적합하게 행사되는 것을 보장하기 위한 실질적 정당성의 장치가 국민의 대표기관인 국회에 의한 상시적 통제와 국회에 대한 책임인데 헌법과 정부조직법상 수사권 행사와 관련하여 국회에 대해 종국적인 책임을 지는 사람이 법무부장관이다. 그러므로 수사권을 행사하는 모든 국가기관은 그 수사권 행사와 관련해서는 법무부장관의 지휘계통하에 들어와야 한다.

##### 나) 법무부장관과 검찰총장을 통해 연결되는 민주적 정당성의 연계

　현행법은 정부의 수사권 행사의 책임자인 법무부장관을 두고, 그 지휘계통하에 검찰청을 두어 검사로 하여금 장관의 지휘감독하에서 수사권을 행사하도록 하고 있다.

　개정 전 형사소송법은 사법경찰관들이 검사의 지휘계통하에서 수사권을 행사하도록 하고 있었는데(형사소송법 제196조 제1항, 제2항) 사법경찰관들의 수사권 행사가 검사의 지휘를 통해 통제됨으로써 그 지휘계통이 법무부장관으로 연결되어 민주적 정당성의 연결이 이어지는 것이다.[42]

　개별·구체적 사건에 있어서는 구체적 사건을 담당하는 주임검사와 사건을 담당한 개별 사법경찰관과의 지휘관계가 성립하나 전체적으로는 각급 검찰청이나 지청에서 검사장이나 지청장이 일반적 지휘권과 구체적 지휘권을 행사하는 담당자이므로 그 지휘하에 있게 되는 것이다.

　따라서 예컨대 서울중앙지방검찰청의 관할구역 내에 있는 서울지방경찰청의 사법경찰관이나 관내 각 경찰서의 사법경찰관들은 서울중앙지방검찰청의 검찰권 행사자인 서울중앙지방검찰청 검사장의 지휘계통하에 있는 것이며 구체적 사건에 있어 구체적 지휘는 검사장의 위임을 받은 개별 검사들이 행사하게 된다. 물론 검사장 스스로도 그 권한 행사를 할 수 있으므로 검사장이 지휘권을 직접 행사할 수도 있을 것이다.

　(3) 검사의 수사지휘 폐지와 민주적 정당성의 연결 문제
　이와 같이 개정 전 형사소송법상 사법경찰관 수사에 대한 검사의 수사지휘는 사법경찰관의 수사권 행사에 대한 민주적 정당성을 근거지우는 연결고리였으므로 만약 검사의 수사지휘를 배제하려면 민주적 정당성의 고리를 다른 방법으로 연결지어야 한다.

---

42) Schmidt/Schoreit, *StPO−Karlsruher Kommentar*, C.H.Beck, 2004, §152 GVG Rndr. 6. 검사의 수사지휘를 통하여 사법경찰관들이 사법의 영역으로 연결된다고 한다.

비교법적으로 살펴본다면, 민주주의원리를 구현하기 위해 의회
민주주의와 장관책임체제를 가지고 있는 프랑스나 독일의 경우 법
무부장관 → 검사 → 사법경찰관으로 연결되는 지휘체계를 가지고
있는데 이러한 통제권의 의미를 갖는 지휘체계는 민주적 정당성의
관점에서 보면 쉽게 이해될 수 있다.

사법경찰관의 수사에 대한 통제권의 의미에서 검사의 수사지휘
권이 규범적으로 인정되지 않는 나라로서 영국이나 미국이 있는데
이들 국가들은 경찰의 수사권 행사에 대한 민주적 정당성의 구조가
다르다.[43] 즉, 이들 나라는 **철저한 자치경찰제**가 행해지고 있고 자
치경찰이 지방자치단체장의 지휘감독하에 있어 경찰의 잘못이 있는
경우 지방자치단체장이 국민에 대해 책임을 진다. 또한 예컨대 미국
의 연방기관으로서의 **연방수사국**(FBI)은 **연방 법무부장관의 소속**이므
로 검사의 지휘체계를 거치지 않아도 곧바로 법무부장관에게 연결
된다.

일본의 경우 송치 전 수사에 있어서는 경찰이 독자적인 수사권
을 행사하고 송치 후에는 검사의 수사지휘를 받는 절충적 구조를
가지고 있는데 이러한 **일본도 도도부현**(都道府縣) **단위의 자치경찰제**
가 시행되고 있다. 이와 같이 민주적 정당성의 구조라는 관점에서
보면 검사의 수사지휘권의 존재 여부와 자치경찰제가 왜 연결되는
지도 쉽게 이해할 수 있다.

---

43) 형사사법체계의 모습에 대해 중앙집권적 권력구조를 가진 대륙법계 국가의 직권
주의적 사법체계와 분권적 권력구조를 가진 영미법계의 당사자주의적 사법체계
를 권력구조의 차이라는 관점에서 분석한 비교법적 논의가 있는데[Kagan,
*Adversarial Legalism—The American Way of Law*, Harvard University Press,
2001, p.71 이하; Goldstein, "Reflections on Two Models; Inguisitorial Themes
in American Criminal Procedure", 26 Standard L. Rev.(1974), 1009; Damaska,
"Structure of Authority and Comparative Criminal Procedure", 84 Tale
L.J.(1975), 480.] 이러한 논의도 권력기관의 조직과 구성의 차이가 민주적 정당
성 구현을 위한 방식의 차이라는 관점에서 접근하면 더 잘 이해할 수 있다.

## (4) 지휘체계 일원화와 행안부장관 수사지휘체계의 문제점

한편, 경찰 내 사법경찰관의 수사권 행사에 대한 지휘감독을 소속 장관인 행정안전부장관으로 하여금 하게 하고 그에 대한 책임을 행정안전부장관이 지게 하면 국회에 대한 책임이라는 민주적 정당성 문제는 해결될 수 있다.

그러나 그렇게 되면 수사업무를 담당하는 장관이 행정안전부장관과 법무부장관의 2인이 되는데 이에 대해서는 국정의 효율성과 수사의 정치적 중립성이라는 점에서 문제가 있다.

### 1) 수사영역 2장관으로 지휘체계 일원화를 해하는 문제

앞에서 설명한 바와 같이 정부의 권한을 배분함에 있어서 정부의 권력 행사 자체가 기능하려면 책임자를 1인으로 두고 그 지휘계통을 일원화하는 것이 중요하다. 이에 따라 행정의 모든 영역이 그 영역을 담당하는 1인의 장관을 두고 지휘체계를 일원화하고 있다.

예컨대 환경행정의 업무영역에 대해 환경부장관 1인을 두어야 환경정책이나 업무에 있어 최종적인 결정을 하고 그 책임하에 업무가 추진될 것이다. 환경을 담당하는 장관이 2인인 경우 양자의 의견 불일치가 있는 경우 업무추진이 어렵다.

물론 각 장관이 담당하는 영역이 다른 장관의 영역과 일부 겹치는 부분이 있고 그 영역에 있어 다툼이 있는 경우 국무총리가 나서서 조정을 할 수 있을 것이다. 그러나 수사는 그런 영역이 아니다. 따라서 수사를 담당하는 장관을 행정안전부장관과 법무부장관으로 이원화하는 것은 정부 권한 중 중요한 수사영역의 업무에 있어 의사결정을 하나로 통일시키기 어렵고 효율성과 원활성을 담보하기 어렵다.

이와 같은 이유로 개정 전의 체계는 정부에서 수사에 관해 국민에 대해 책임지는 자를 법무부장관으로 하고 있고, 이에 따라 지휘체계를 법무부장관으로 일원화하고 있었다. 이러한 일원화는 경찰 내의 사법경찰관뿐만 아니라 행정각부에 소속된 특별사법경찰관들도 모두 검사의 지휘체계를 통해 법무부장관에게 연결되고 있었던 것이다.

### 2) 수사의 정치적 중립성의 문제

수사에 관한 책임을 지는 장관이 2인인 경우 수사에 관한 정책이나 구체적 사건의 수사에 있어 행정안전부장관과 법무부장관 사이에 의견이 다르고 둘 사이의 협의에도 불구하고 합일점을 찾지 못할 때에는 그 조정을 위해 행정각부의 조정업무를 담당하는 국무총리가 나서야 할 것이다. 국무총리도 조정하지 못하는 경우 대통령이 나서야 할 수도 있다. 그러나 이렇게 되면 수사에 대해 정치적 영향력이 적나라하게 미치는 체제가 되며 객관성과 공정성을 이념으로 하는 수사의 정치적 중립성이 훼손된다.

또한 검찰청법은 수사의 정치적 중립성을 위해 법무부장관이 구체적 사건에 있어서는 검찰총장을 통해 권한을 행사하도록 하고, 검사장과 검사들을 모두 관청으로 규정하여 내부적 지휘감독관계의 통제하에서도 외부적으로 책임을 지게 함으로써 그 정치적 중립성과 객관성을 지키는 이념하에 업무를 할 수 있도록 하고 있다.

그런데 경찰은 원래 치안을 담당하는 기관인데 치안은 현장성이 강하여 효율성이 강조되고 그 지시복종관계가 매우 중요하게 생각되는 영역이다. 예컨대 국가의 위기상황에서는 무기를 들고 군대에 준하여 치안질서를 유지하는 업무를 해야 하고 이러한 상황에서는 지시복종관계가 즉시 관철되는 것이 중요하다.[44] 따라서 이러한 성격을 가지고 있는 경찰 내부의 조직과 관계를 검찰청법상의 검사의 내부관계처럼 만들 수가 없다.

---

44) 경찰공무원법 제31조 제1항, 제2항은 이와 같은 위급상황에서 복종의무를 위반한 경우 처벌규정을 두고 있다.

## (5) 검사 수사지휘 폐지시의 사법경찰관 수사권에 대한 민주적 정당성의 흠결 문제

### 1) 경찰법상 지휘관계의 적용

사법경찰관은 국가공무원이므로 국가공무원법에 따라 소속 상관의 직무상 명령에 복종하여야 한다(국가공무원법 제57조). 경찰공무원법은 경찰공무원의 특별한 성질로 인하여 국가공무원법이 적용되지 않는 특별한 부분의 특례규정을 두고 있으나 복종의무에 관한 제57조에 대한 특례규정은 없으므로 국가공무원법 제57조가 적용된다.

또한 경찰법 제24조 제1항은 국가경찰공무원은 상관의 지휘·감독을 받아 직무를 수행하고, 그 직무수행에 관하여 서로 협력하여야 한다고 규정하고 있는데 이 지휘·감독에 복종할 의무는 국가공무원법 제57조에 의한다.

### 2) 경찰법상 지휘관계 적용시 민주적 정당성의 흠결

개정 전의 사법경찰관의 수사권에 대하여는 형사소송법상 검사의 수사지휘에 의해 검사의 지휘계통이 적용되고 이에 의해 정부에서 수사업무의 책임자인 법무부장관에게 이어져서 민주적 정당성이 확보되고 있었다.

그런데 이와 같은 민주적 정당성의 연결고리인 검사의 수사지휘를 폐지하면 사법경찰관은 수사에 있어서도 검사와의 지휘계통이 아니라 경찰법상의 내부적 지휘계통이 적용된다.

그런데 경찰법상의 지휘체계는 경찰서장 → 지방경찰청장 → 경찰청장으로 이어지는 지휘체계인데 현행 정부조직법상 경찰청장의 상급자인 행정안전부장관은 수사업무 담당자가 아니며 수사업무에 대해 국회에 책임을 지는 장관이 아니기 때문에 사법경찰관의 수사에 대한 민주적 정당성의 연결고리에 흠결이 발생한다.

# 제 2 장

# 고위공직자범죄수사처
# 설치 및 운영에 관한 법률 비판

## I. 고위공직자범죄수사처 설치 및 운영에 관한 법률의 주요 내용

### 1. 독립기구

새로 제정된 고위공직자범죄수사처 설치 및 운영에 관한 법률에 의해 설치되는 고위공직자범죄수사처(이하 '수사처'라 한다)는 어디에도 소속되지 않는 독립기구이며, 직무수행에 있어서도 어느 누구의 지휘감독도 받지 않는 독립관청이다.

> 제3조(고위공직자범죄수사처의 설치와 독립성) ① 고위공직자범죄등에 관하여 다음 각 호에 필요한 직무를 수행하기 위하여 고위공직자범죄수사처(이하 "수사처"라 한다)를 둔다.
> 1. 고위공직자범죄등에 관한 수사
> 2. 제2조 제1호 다목, 카목, 파목, 하목에 해당하는 고위공직자[1]로

---

[1] 다목: 대법원장 및 대법관, 카목: 검찰총장, 파목: 판사 및 검사, 하목: 경무관 이상 경찰공무원.

> 재직 중에 본인 또는 본인의 가족이 범한 고위공직자범죄 및 관
> 련범죄의 공소제기와 그 유지
> ② 수사처는 그 권한에 속하는 직무를 독립하여 수행한다.

## 2. 공소권 부여 여부

수사처는 위 법률 제3조 제1항 제1호와 제2호에 규정된 바와 같이 고위공직자등의 범죄에 대한 수사권과 법관, 검사 및 경무관 이상 경찰공무원의 범죄에 대한 공소권을 행사한다. 수사권과 공소권의 범위가 일치하지 않고 공소권은 수사권을 가지는 범위의 일부에 대해서만 행사한다.

## 3. 대상범죄

> 제2조(정의) 이 법에서 사용하는 용어의 정의는 다음과 같다.
> 1. "고위공직자"란 다음 각 목의 어느 하나의 직(職)에 재직 중인 사
>    람 또는 그 직에서 퇴직한 사람을 말한다. 다만, 장성급 장교는
>    현역을 면한 이후도 포함된다.
>    가. 대통령
>    나. 국회의장 및 국회의원
>    다. 대법원장 및 대법관
>    라. 헌법재판소장 및 헌법재판관
>    마. 국무총리와 국무총리비서실 소속의 정무직공무원
>    바. 중앙선거관리위원회의 정무직공무원
>    사. 「공공감사에 관한 법률」 제2조 제2호에 따른 중앙행정기관의
>        정무직공무원
>    아. 대통령비서실·국가안보실·대통령경호처·국가정보원 소속의 3
>        급 이상 공무원

자. 국회사무처, 국회도서관, 국회예산정책처, 국회입법조사처의 정
　　무직공무원

차. 대법원장비서실, 사법정책연구원, 법원공무원교육원, 헌법재판
　　소 사무처의 정무직공무원

카. 검찰총장

타. 특별시장·광역시장·특별자치시장·도지사·특별자치도지사 및
　　교육감

파. 판사 및 검사

하. 경무관 이상 경찰공무원

거. 장성급 장교

너. 금융감독원 원장·부원장·감사

더. 감사원·국세청·공정거래위원회·금융위원회 3급 이상 공무원

2. "가족"이란 배우자, 직계존비속을 말한다. 다만, 대통령의 경우
　　에는 배우자와 4촌 이내의 친족을 말한다.

3. "고위공직자범죄"란 고위공직자로 재직 중에 본인 또는 본인의
　　가족이 범한 다음 각 목의 어느 하나에 해당하는 죄를 말한다.
　　다만, 가족의 경우에는 고위공직자의 직무와 관련하여 범한 죄에
　　한정한다.

가. 「형법」 제122조부터 제133조까지의 죄(다른 법률에 따라 가중
　　처벌되는 경우를 포함한다)

나. 직무와 관련되는 「형법」 제141조, 제225조, 제227조, 제227조의
　　2, 제229조(제225조, 제227조 및 제227조의2의 행사죄에 한정한
　　다), 제355조부터 제357조까지 및 제359조의 죄(다른 법률에
　　따라 가중처벌되는 경우를 포함한다)

다. 「특정범죄 가중처벌 등에 관한 법률」 제3조의 죄

라. 「변호사법」 제111조의 죄

마. 「정치자금법」 제45조의 죄

바. 「국가정보원법」 제18조, 제19조의 죄

사. 「국회에서의 증언·감정 등에 관한 법률」 제14조 제1항의 죄

아. 가목부터 마목까지의 죄에 해당하는 범죄행위로 인한 「범죄수
    익은닉의 규제 및 처벌 등에 관한 법률」 제2조 제4호의 범죄수
    익등과 관련된 같은 법 제3조 및 제4조의 죄

4. "관련범죄"란 다음 각 목의 어느 하나에 해당하는 죄를 말한다.

가. 고위공직자와 「형법」 제30조부터 제32조까지의 관계에 있는 자
    가 범한 제3호 각 목의 어느 하나에 해당하는 죄

나. 고위공직자를 상대로 한 자의 「형법」 제133조, 제357조 제2항
    의 죄

다. 고위공직자범죄와 관련된 「형법」 제151조 제1항, 제152조, 제
    154조부터 제156조까지의 죄 및 「국회에서의 증언·감정 등에
    관한 법률」 제14조 제1항의 죄

라. 고위공직자범죄 수사 과정에서 인지한 그 고위공직자범죄와 직
    접 관련성이 있는 죄로서 해당 고위공직자가 범한 죄

5. "고위공직자범죄등"이란 제3호와 제4호의 죄를 말한다.

## 4. 처장의 임명절차

제5조(처장의 자격과 임명) ① 처장은 다음 각 호의 직에 15년 이상
있던 사람 중에서 제6조에 따른 고위공직자범죄수사처장후보추천위
원회가 2명을 추천하고, 대통령이 그 중 1명을 지명한 후 인사청문회
를 거쳐 임명한다.

1. 판사, 검사 또는 변호사

2. 변호사 자격이 있는 사람으로서 국가기관, 지방자치단체, 「공공
   기관의 운영에 관한 법률」 제4조에 따른 공공기관 또는 그 밖의
   법인에서 법률에 관한 사무에 종사한 사람

3. 변호사 자격이 있는 사람으로서 대학의 법률학 조교수 이상으로

재직하였던 사람

② (생략)

③ 처장의 임기는 3년으로 하고 중임할 수 없으며, 정년은 65세로 한다.

**제6조(고위공직자범죄수사처장후보추천위원회)** ① 처장후보자의 추천을 위하여 국회에 고위공직자범죄수사처장후보추천위원회(이하 "추천위원회"라 한다)를 둔다.

② 추천위원회는 위원장 1명을 포함하여 7명의 위원으로 구성한다.

③ 위원장은 제4항 각 호의 위원 중에서 호선한다.

④ 국회의장은 다음 각 호의 사람을 위원으로 임명하거나 위촉한다.

　1. 법무부장관

　2. 법원행정처장

　3. 대한변호사협회장

　4. 대통령이 소속되거나 소속되었던 정당의 교섭단체가 추천한 2명

　5. 전 호의 교섭단체 외의 교섭단체가 추천한 2명

⑤ 추천위원회는 국회의장의 요청 또는 위원 3분의 1 이상의 요청이 있거나 위원장이 필요하다고 인정할 때 위원장이 소집하고, 위원 6인 이상의 찬성으로 의결한다.

## 5. 수사처검사와 수사관

**제8조(수사처검사)** ① 수사처검사는 변호사 자격을 10년 이상 보유한 자로 재판, 수사 또는 수사처규칙으로 정하는 조사업무의 실무를 5년 이상 수행한 경력이 있는 사람 중에서 제9조에 따른 인사위원회의 추천을 거쳐 대통령이 임명한다. 이 경우 검사의 직에 있었던 사람은 제2항에 따른 수사처검사 정원의 2분의 1을 넘을 수 없다.

② 수사처검사는 특정직공무원으로 보하고, 처장과 차장을 포함하여 25명 이내로 한다.

③ 수사처검사의 임기는 3년으로 하고, 3회에 한정하여 연임할 수 있으며, 정년은 63세로 한다.

**제10조(수사처수사관)** ① 수사처수사관은 다음 각 호의 어느 하나에 해당하는 사람 중에서 처장이 임명한다.

  1. 변호사 자격을 보유한 사람

  2. 7급 이상 공무원으로서 조사, 수사업무에 종사하였던 사람

  3. 수사처규칙으로 정하는 조사업무의 실무를 5년 이상 수행한 경력이 있는 사람

② 수사처수사관은 일반직공무원으로 보하고 40명 이내로 한다. 다만, 검찰청으로부터 검찰수사관을 파견받은 경우에는 이를 수사처수사관의 정원에 포함한다.

③ 수사처수사관의 임기는 6년으로 하고, 연임할 수 있으며, 정년은 60세로 한다.

## 6. 우선 관할권

**제24조(다른 수사기관과의 관계)** ① 수사처의 범죄수사와 중복되는 다른 수사기관의 범죄수사는 처장이 수사의 진행정도 및 공정성 논란 등에 비추어 수사처에서 수사하는 것이 적절하다고 판단하여 이첩을 요청하는 경우 해당 수사기관은 이에 응하여야 한다.

② 다른 수사기관이 범죄를 수사하는 과정에서 고위공직자범죄등을 인지하는 경우 그 사실을 즉시 수사처에 통보하여야 한다.

③ 처장은 피의자, 피해자, 사건의 내용과 규모 등에 비추어 다른 수사기관이 고위공직자범죄등을 수사하는 것이 적절하다고 판단될 때에는 해당 수사기관에 사건을 이첩할 수 있다.

④ 제2항에 따라 고위공직자범죄등 사실을 통보받은 처장은 통보를 한 다른 수사기관의 장에게 수사처규칙으로 정한 기간과 방법으로 수사개시 여부를 회신하여야 한다.

## 7. 검사에의 사건 송치와 처장의 재정신청 제도

제26조(수사처검사의 관계서류와 증거물 송부 등) ① 수사처검사는 제3조 제1항 제2호에서 정하는 사건을 제외한 고위공직자범죄등에 관한 수사를 한 때에는 관계서류와 증거물을 지체 없이 서울중앙지방검찰청 소속 검사에게 송부하여야 한다.

② 제1항에 따라 관계서류와 증거물을 송부받아 사건을 처리하는 검사는 처장에게 해당 사건의 공소제기 여부를 신속하게 통보하여야 한다.

제29조(재정신청에 대한 특례) ① 고소·고발인은 수사처검사로부터 공소를 제기하지 아니한다는 통지를 받은 때에는 서울고등법원에 그 당부에 관한 재정을 신청할 수 있다.

제30조(처장의 재정신청에 대한 특례) ① 처장은 제26조 제2항에 따라 검사로부터 공소를 제기하지 아니한다는 통보를 받은 때에는 그 검사 소속의 지방검찰청 소재지를 관할하는 고등법원(이하 "관할 고등법원"이라 한다)에 그 당부에 관한 재정을 신청할 수 있다.

# Ⅱ. 위헌, 무효의 법률

## 1. 국가 권력기관 설치와 헌법의 요구

### (1) 국가 권력기관은 헌법에 설치 근거를 가져야 한다

헌법은 국가의 조직, 구성 및 작용에 관한 근본이 되는 국가의 최고 법규이다. 헌법은 한 나라의 최고의 법규로서 주권자인 국민이 헌법제정권력에 의해 제정 또는 개정한 법규이다. 입법부인 국회의 법률제정권력에 의한 법률은 헌법의 하위규범으로서 어떤 법률이 헌법에 위반되면 그 법률은 효력이 없는 것이다.

헌법은 크게 두 개의 주요 부분으로 구성되어 있는데, 그 첫

번째는 국민의 기본권에 관한 내용으로 국가와 국민의 관계를 규정
하고 있다. 두 번째는 국가기관의 조직, 운영에 관한 규정으로 국민
의 주권을 위임받아 행사할 국가기관들의 구성에 관한 기본 규정을
두고 있다.

국민은 헌법제정권력에 의해 헌법에 입법, 행정, 사법권력을 각
각 고유한 기능과 조직을 가지는 기관으로 구성하고 이들을 통해
국민으로부터 나오는 국가권력을 행사하므로 **국가의 권력기관은 헌
법에 그 설치와 임무에 관한 근거를 가져야 한다.**[2]

## (2) 국가 권력기관의 설치와 민주적 정당성(demokratische Legitimation)

제1장에서 상세히 논한 바와 같이 헌법은 대한민국을 민주공화
국으로 규정하고 국민주권주의를 선언하고 있다. 민주주의는 국민주
권주의에서 출발하되 국가권력을 국민 스스로가 행사하는 국가형태
또는 국가구조원리를 말한다.[3]

민주주의는 국민이 국가권력을 행사한다는 원리이므로 국민의
권력 행사를 현실에서 구현하기 위해 **국가권력의 조직이나 정부조직
을 그러한 원리를 구현할 수 있도록 구성할 것을 요구한다.** 이를 민
주적 정당성(demokratische Legitimation)이라 한다.[4]

국가기관의 설치와 조직에 있어 요구되는 민주적 정당성의 요
소로는 ① 헌법상 기구의 설치와 임무에 대한 근거가 있어야 한다
는 헌법상 **기구적 정당성**(funktionelle und institutionelle demokratische

---

2) Böckenförde, "Demokratie als Verfassungsprinzip", *Handbuch des Staatsrechts der Bundesrepublik Deutschland(HdBStR) Bd II*, C.F.Müller, 2004, §24 Rndr. 15.

3) 정종섭, 『헌법학 원론』, 박영사, 2014, 132면; Böckenförde, a.a.O, §24 Rndr. 9.

4) Jarass/Pieroth, *GG, Grundgesetz für die Bundesrepublik Deutschland*, C.H. Beck, 2004, §20 Rndr. 4; BVerfGE 93, 37/66f.

Legitimation)[5], ② 국가 권력을 담당하는 기관들이나 그 담당자들에게 국민으로부터의 정당성의 사슬이 끊김 없이 연결될 것을 요구하는 조직상의 **인적 정당성**(organisatorisch – personelle demokratische Legitimation)[6], ③ 국가권력이 항상 국민의 뜻에 맞게 행사될 수 있도록 보장하는 것을 내용상의 **실질적 정당성**(sachlich – inhaltliche demokratische Legitimation, materielle Legitimation)[7] 등을 들 수 있다.

## 2. 헌법에 근거가 없어 헌법상 기구적 정당성이 없다

### (1) 입법, 행정, 사법의 어디에도 속하지 않는 권력기관

헌법은 국민의 주권을 입법, 행정, 사법권으로 3분하고 입법권은 국회에, 행정권은 정부에(헌법 제66조 제4항), 사법권은 법원과 헌법재판소에 배분하고 있다. 권력기관으로서 국회, 정부 및 법원이나 헌법재판소에 속하지 않는 권력기관을 설치하려면 헌법에 별도의 규정이 있어야 한다. 감사원, 선거관리위원회가 그 예이다.

그런데 수사처법은 제3조 제1항에 "고위공직자범죄등에 관하여 다음 각 호에 필요한 직무를 수행하기 위하여 고위공직자범죄수사처를 둔다."라고 규정하고 있을 뿐 수사처가 헌법에서 규정하는 입법, 행정, 사법의 기구 중 어디에 속하는지 규정하고 있지 않다.

### (2) 헌법에 근거가 없는 권력기관
### 1) 정부에 소속되어야 한다

수사처가 행사하는 수사권과 공소권은 현행 헌법상 행정권에 속한다. 행정권은 대통령을 수반으로 하는 정부에 속하기 때문에(헌법 제66조 제4항) 검찰청도 행정부인 법무부 소속으로 설치하고 있

---

5) Böckenförde, a.a.O, §24 Rndr. 15.
6) Jarass/Pieroth, a.a.O, §20 Rndr. 9a; Böckenförde, a.a.O, §24 Rndr. 16.
7) Jarass/Pieroth, a.a.O, §20 Rndr. 9a; Böckenförde, a.a.O, §24 Rndr. 21.

다. 따라서 수사처는 수사처가 행사하는 수사권과 공소권이 행정권
에 속하므로 권력의 성질상 헌법에 근거를 두려면 정부에 소속되어
야 한다.

헌법은 정부를 ① 대통령과 ② 행정부로 구분하고 있고, 행정부
는 ① 국무총리, ② 국무회의, ③ 행정각부, ④ 감사원으로 구분하
고 있다.

이러한 헌법 규정상 수사처를 헌법에 근거를 둔 기구로서 설치
하는 방법은 3가지를 들 수 있다. ① 대통령 소속으로 하는 방법,
② 국무총리 소속으로 하는 방법, ③ 행정각부 소속으로 하는 방법
이다.

### 2) 대통령 소속으로 하는 방법 검토

현행법상 중앙행정기관으로서 대통령 소속으로 설치된 기관으
로 감사원과 국가정보원을 들 수 있다. 감사원은 헌법에 그 근거를
두고 있고(헌법 제97조), 국가정보원은 국가정보원법 제2조에 규정되
어 있다.[8]

국가정보원이 담당하고 있는 '국외 정보 및 국내 보안정보[대공
(對共), 대정부전복(對政府顚覆), 방첩(防諜), 대테러 및 국제범죄조직]
의 수집·작성 및 배포(국가정보원법 제3조 제1항 제1호)'는 대통령의
임무인 '국가의 독립·영토의 보전·국가의 계속성과 헌법 수호(헌법
제66조 제2항)' 및 국정 운영과 직접 관련되어 있고 대통령의 정책결
정을 위한 보좌의 기능을 담당하므로 국가정보원을 대통령 소속으
로 하는 것은 업무의 성질상 타당하다고 할 수 있다.

그러나 수사처가 담당하는 고위공직자범죄에 대한 수사나 공소
는 이미 행정각부의 소관업무로 하고 있으므로 수사처를 대통령 소
속으로 하는 것은 적절하지 않고 나아가 정치적인 성질을 가지기

---

8) 국가정보원은 대통령 소속으로 두며, 대통령의 지시와 감독을 받는다.

쉬운 고위공직자범죄의 수사나 공소를 대통령 직속으로 하는 것은 정치적 중립성을 침해하기 쉬우므로 부적절하다.

### 3) 국무총리 소속으로 하는 방법 검토

헌법은 행정부를 국무총리와 행정각부로 나누고 있고 이에 따른 정부조직법은 국무총리나 행정각부의 하위기관으로 처, 청을 두고 있다. 그런데 처는 국무총리 산하에, 청은 행정각부 산하에 두고 있다.

처는 헌법상의 기관단위가 아니므로 처를 설치하려면 헌법상 기관인 국무총리나 행정각부 산하로 편성해야 하는데 현행법의 체제는 국무총리 소속으로 처를 두는 것으로 하고 있다.

국무총리는 대통령을 보좌하고, 대통령의 명을 받아 행정각부를 통할하는 직무를 수행하므로 국무총리 산하에는 국무총리의 직무범위에 따라 행정각부 전체에 연결되는 영역이나 행정각부의 어느 부에도 두기에 적절하지 않은 영역에 대한 기관을 설치한다. 이에 따라 현재 법제처, 국가보훈처, 인사혁신처, 식품의약품안전처가 설치되어 있다.

수사처를 정부조직의 단위로서 처로 하여 국무총리 산하로 설치하려면 수사처가 담당할 수사와 공소의 업무는 국무총리가 수행하는 정부 통할 업무와는 거리가 멀어 부적절하다.

나아가 수사처의 직무수행에 대해 국무총리가 국회에 책임을 져야 하는 문제가 있고, 이에 따라 수사처가 국무총리의 지휘감독체계하에 편성되어야 하는데 수사처수사의 정치적 중립성을 침해할 수 있어 부적절하다.

### 4) 행정각부로 하는 방법 검토

위와 같이 헌법상 정부 소속으로 편성되어야 할 수사처를 대통령 소속이나 국무총리 소속으로 하는 것은 부적절하므로 결국 수사

처가 헌법상 근거를 가지려면 행정각부 소속으로 할 수밖에 없는
것이다.

　그 방법으로는 먼저, 수사처를 행정각부의 장관 소속으로 하는
방법이 있는데 수사와 공소를 담당하는 검찰청이 법무부장관 소속
인 것과 같이 수사처도 법무부장관 소속으로 하는 것이 가장 적절
하다 할 것이다. 정부조직법상 장관 소속의 외청은 그 행정기관의
단위를 '청'으로 하고 있으므로 수사청으로 하든가 아니면 법무부
안에 편성하여 수사본부나 수사국으로 할 수도 있을 것이다.

　다음으로 생각할 수 있는 것은 수사처를 수사부로 하여 수사처
의 장을 장관, 즉 국무위원으로 하는 것이다.

### 5) 수사처법은 헌법상 근거가 없다

　이와 같이 수사처가 그 설치에 있어 헌법상 근거를 가지려면
정부에 소속되어야 하고 정부에 소속되어야 헌법상 근거를 가질 수
있음에도 수사처법은 이와 같이 소속에 관한 근거가 없다.

　따라서 헌법과의 연결이 단절되어 헌법상 근거가 없는 기관으로
되어 있다. 명백한 위헌이며 수사처법은 헌법에 위반하여 무효이다.

## 3. 의회에 대한 책임 및 통제장치가 없어 실질적 민주적 정당성을 결여하여 위헌

### (1) 현행 헌법상의 실질적 민주적 정당성 확보 장치

　앞에서 설명한 바와 같이 국가기관의 설치와 조직에 있어 요구
되는 민주적 정당성의 요소로는 ① 헌법상 기구의 설치와 임무에
대한 근거가 있어야 한다는 헌법상 **기구적 정당성**, ② 국가권력을
담당하는 기관들이나 그 담당자들에게 국민으로부터의 정당성의 사
슬이 끊김 없이 연결될 것을 요구하는 조직상의 **인적 정당성**, ③ 국
가권력이 항상 국민의 뜻에 맞게 행사될 수 있도록 보장하는 내용

상의 실질적 정당성 등을 들 수 있다.

이러한 요소들 중 현실에서 중요한 것은 그러한 국가권력 담당자의 직무수행이 상시적으로 국민의 의사에 맞게 행사되도록 감독하고 통제하여 상시적으로 국가권력 행사가 민주적으로 정당할 수 있도록 보장하는 요소로서 실질적 정당성이 가장 중요하다고 할 수 있다.

실질적 정당성을 보장하는 방법으로 첫 번째는 국가권력의 행사가 법과 법률에 기속되는 것이고, 두 번째는 국가권력 담당자들의 권력 행사에 대한 통제체제를 갖추는 것인데 이 중에서 특히 두 번째의 통제체제를 갖추는 것이 실질적 정당성을 확보하기 위한 핵심요소라 할 수 있다. 국가권력이 헌법과 법률에 따라 행해지지 않는 경우 이를 시정할 수 있는 통제장치가 있어야 하기 때문이다.[9]

헌법이 채택하고 있는 간접 민주제하에서 정부의 행정권력 행사에 대한 국민의 상시적 통제는 국민의 대표인 국회로부터 통제를 받고 의회에 대해 책임을 지는 것으로 구현된다.

그런데 의회에 대한 책임원리는 그 책임을 지는 사람이 책임을 지기 위한 전제로서 소속기관이나 직원에게 지휘를 할 수 있는 지휘체계와 그러한 지시에 대해 지시를 받는 사람이 따라야 하는 기속력을 갖춤으로써 구현될 수 있다.

행정부의 권력에 있어서는 의회에 대해 책임을 지는 것이 장관이다. 장관은 소관업무에 대해 의회에 출석하여 답변하고, 극단적인 경우는 의회의 의결에 의해 정치적으로 책임을 지고 해임될 수 있다. 이에 따라 의회에 대해 책임을 지는 장관을 정점으로 하는 지휘구조로 권력기관들이 구성되어야 하며, 이와 같이 장관을 정점으로 하는 위계적 구조도 민주주의 원리로부터 도출된다.[10]

---

9) Böckenförde, a.a.O, §24 Rndr. 22.

10) Böckenförde, a.a.O, §24 Rndr. 21; Bredt, *Die demokratische Legitimation unabhängiger Institutionen*, Mohr Siebeck, 2006, S. 52−53.

현행 헌법도 이와 같은 실질적 민주적 정당성을 확보하기 위해 국회의 국무총리 및 국무위원에 대한 해임요구권을 규정하고, 이와 같이 국회에 대해 책임을 지는 국무총리와 국무위원들로 하여금 행정부를 구성하도록 하고 있다.

법원이나 헌법재판소, 감사원 등과 같이 헌법적 근거가 없는 한 국가권력 행사에 대해 국회에 대해 책임을 지는 통제체제에서 벗어나는 것은 헌법이 규정하고 있는 민주주의 원칙으로부터 도출되는 민주적 정당성 요소를 결하여 민주주의 원칙에 반하는 위헌의 문제가 발생한다.

수사처법은 앞에서 본 바와 같이 수사처를 대통령, 국무총리, 행정각부 등 어디에도 속하지 않는 기관으로 함으로써 헌법상 기구적 정당성도 결여하였을 뿐만 아니라 독립기관으로 규정하여(수사처법 제3조 제2항) 수사처가 그 권력을 행사함에 있어 상시적 권력 행사에 대해 국회의 통제를 받고 책임을 지는 통제체제에서 벗어나 있다.

즉, 수사처가 권력을 남용하거나 부당한 업무수행을 하는 경우에 국민의 대표인 국회가 이에 대해 통제하고 정치적 책임을 물을 수 있어야 하는데 그러한 장치가 결여되어 있다. 따라서 수사처는 헌법상 민주주의 원칙에서 도출되는 실질적 민주적 정당성을 결여하여 위헌이다.

## 4. 특별검사, 국가인권위원회 등과의 구별

혹자는 실무에서 이미 운영되었던 특별검사 역시 어디에도 소속되지 않는 독립기관이었던 점에서 그 선례에 비추어 수사처도 위헌 소지가 없다고 주장한다. 그러나 특별검사는 특정한 사건에서만 작동되는 임시기구이므로 그 특정 사건에 한해서만 사건의 성질과 그 필요성에 비추어 국회의 통제체제에 대한 예외를 인정하는 것이어서 그 예외성을 인정할 수 있겠으나 수사처는 상시적인 행정기관이므로 예외로 인정할 수 없다.

또 국가인권위원회의 사례도 드나 국가인권위원회가 행정처분을 할 수 있는 기관으로 설치되지 않았고 권고의 효력만 부여하여 권력기관적 성질을 가지지 않는다는 점에서 국회에 의한 상시적 통제의 예외를 인정할 수 있는 것이다. 그러나 수사권과 같은 가장 권력적 성격이 강한 권한을 행사하는 권력기관은 실질적·민주적 정당성의 예외를 인정할 수 없다.

## Ⅲ. 수사처검사의 권한 문제

### 1. 기소일원주의와 기소다원주의

#### (1) 국가소추주의와 사인소추주의

형사사건에 대해 법원에 재판을 구하는 기소권을 국가기관에만 인정하는 제도를 국가소추주의라고 하고, 사인에게도 인정하는 제도를 사인소추주의라고 한다. 국가소추주의를 취하여 **기소권을 공적인 국가기관이 행사하는 것을 공소(公訴)라고 한다.**

형사절차에 있어 중세 이전에는 사인소추주의가 지배하였다. 중세 이후에 직권주의의 형사사법 체제를 발전시킨 대륙법계에서는 규문주의적 절차에서 법관에 의한 직권적 소추가 도입되었고 프랑스 혁명 이후 도입된 근대적 형사사법제도에서는 소추를 담당하는 국가기관으로서 검사제도가 도입되었다.

이에 반해 영국에서는 배심제도를 중심으로 하는 당사자주의 형사사법절차가 발전하였고 사인소추주의가 유지되었으며 국가기관들도 사인과 마찬가지로 소추를 할 수 있었다. 경찰제도가 도입된 후에 경찰도 소추기관으로서 공소를 유지할 변호사를 고용하여 공소수행을 하도록 하는 방식으로 운영하였으나 1986년에 경찰개혁의 일환으로 경찰에서 입건하는 사건의 소추를 담당할 검찰기관으로서 국립검찰(Crown Prosecution Service, CPS)을 설립하였다.

### (2) 기소일원주의(기소독점주의)와 기소다원주의

국가권력 중 기소권을 어느 기관에 부여할 것인지는 헌법에 규정이 없으므로 입법 정책적 차원의 문제이다. 국가소추주의하에서 기소권을 행사하는 국가기관을 하나로 일원화하는 것은 기소일원주의(기소독점주의)라고 하고, 기소권을 행사하는 국가기관 여럿을 두는 것은 기소다원주의라고 한다.

**국가권력의 집행을 위해서는 의사결정을 일원화하는 것이 그 기능수행을 위한 조직 원리이며** 따라서 국가기관이 기소권을 행사하는 공소제도를 두는 경우 그 공소기관은 하나로 일원화하는 것이 일반적인 입법례이다.

이에 반하여 공소를 담당하는 기관을 여러 개 두는 기소다원주의를 취하는 입법례로서는 사인소추를 기본으로 하는 영국의 경우와 연방제도를 취하고 있는 미국의 예를 들 수 있다.

앞에서 설명하였듯이 영국은 사인소추의 전통을 유지하고 있으며 이에 따라 환경, 조세, 재무, 경찰 등 개별 영역의 국가기관들이 법원에 기소권을 행사하여 왔고 경찰이 입건하는 사건에 대하여 이를 담당할 공소기관으로 국립검찰이 도입되었다. 이와 같이 기소다원주의를 취하는 경우는 각 공소기관은 공소를 담당할 영역으로 구분하여 그 충돌이 없도록 한다.

한편, 미국은 연방제도를 취하여 연방정부와 지방정부가 구분되어 있어 연방사건에 대한 공소를 담당하는 연방검찰과 주정부 사건에 대한 공소를 담당하는 지방검찰이 분리되어 있다. 특히 미국은 주정부 안에서도 철저한 자치제도를 취하여 주검찰과 카운티검찰, 시검찰이 모두 분리되어 있다.

## 2. 수사처의 기소권과 공소권의 충돌 문제

### (1) 동일 영역에서의 두 개의 공소권

앞에서 설명하였듯이 기소다원주의를 취하려면 공소를 담당하는 기관들의 업무영역이 업무의 성질에 따른 영역으로 구분되어 기관들 사이에 충돌의 면을 만들지 말아야 공소라는 국가의 권력 행사가 일원화될 수 있다. 즉, 조세, 환경 등과 같이 영역으로 구분되거나 연방사건, 지방정부사건 등으로 구분하는 것이다.

수사처법은 이와 같이 공소권을 영역으로 구분하지 않고 고위공직자라는 사람을 기준으로 구분하기 때문에 동일 영역에서 수사처의 공소권과 검찰의 공소권이 충돌하는 문제가 있다. 즉, 수사처법에서 수사처의 수사대상 범죄는 검찰도 수사할 수 있는 범죄들인데 다만 수사처가 법관, 검사, 경무관 이상 경찰관에 대해 공소권을 행사하여 일정한 고위공직자라는 사람을 기준으로 기소권이 구분된다.

그런데 이와 같이 구분하면, 예를 들어 뇌물죄라는 영역에서 수사처와 검찰의 공소권이 충돌한다. 유사한 상황에서 검찰은 기소한다는 판단을 하는데 수사처는 유사한 상황에서 기소하지 않는 판단을 할 수 있고 이와 같이 유사한 상황에서 두 개의 국가기관이 판단을 달리하면 공소권 행사라는 국가의 의사가 통일되지 않는다.

또한 하나의 사건에서 공여자는 동일한데 뇌물 수수자의 지위에 따라서 수사처가 기소권을 행사하는 사람과 검찰이 기소권을 행사하는 사람이 달라진다. 기소 후 공소유지에 있어서도 법관, 검사, 고위 경찰관은 수사처가 공소유지를 담당하고 나머지 공직자는 검찰이 담당해야 한다.

### (2) 의사 조정기관의 부재

이와 같이 두 공소권자들 사이에 의사가 충돌하는 경우에 국가의 공소권 행사가 기능을 수행하려면 그 의사들을 조정하여 하나로 통일시킬 수 있어야 한다. 이러한 조정의 기능을 수행하려면 조정자가 필요하며 그 조정자의 의사에 수사처도 따르고 검찰도 따르는 관계가 설정되어야 한다. 이러한 관계가 설정되려면 그 조정자는 지휘권자여야 한다. 예를 들면 검찰이 법무부장관 소속으로 그의 지휘감독하에 있듯이 수사처도 법무부장관 소속으로 하고 그의 지휘감독하에 있다면 그 조정이 가능할 것이다. 그러나 수사처법은 수사처를 독립기관으로 규정하고 있어서 그 조정수단이 없다.

## 3. 수사처검사의 지위

### (1) 검사란 무엇인가

검사는 어떤 기관인가. 어떤 기관을 '검사'라고 칭하려면 어떤 기능을 수행하는 것을 표지로 해야 하는가, 아니면 기능과 상관없이 법률에서 검사라고 칭하면 검사인가.

영미법계에서 검사는 'prosecutor'라 하고, 대륙법계인 프랑스에서는 'procureur', 독일에서는 'Staatsanwalt'라고 한다. 각국의 검사제도는 각국의 형사절차의 모습에 따라 다르지만 기본적인 기능은 공소를 담당하는 것에 있다. 이러한 기본적 기능과 함께 공소를 준비하는 단계인 수사절차에서 어떠한 기능을 수행하는가에 있어 영미법계에서는 체포로 입건되면 그 이후에 개입하여 절차를 계속 진행할 것인지, 즉 소추가 가능한지에 대해 관여하고, 대륙법계는 수사지휘라는 방식으로 수사절차를 전체적으로 이끄는 것으로 서로 다른 모습을 보인다.

이와 같이 검사의 모습이 각국마다 다르지만 적어도 검사는 공소기능을 수행하는 점에서 다른 수사기관들과 다르다는 점은 각국의 제도가 같다. 따라서 공소권을 수행하는 기관은 수사권을 함께 행사하는 경우에도 검사이나 수사권만 행사하는 기관은 검사라고 할 수 없다.

## (2) 수사처의 수사권과 공소권의 불일치 문제

수사처법에 의하면 수사처는 ① 고위공직자범죄등에 관한 수사와 ② 그 수사대상자를 정한 수사처법 제2조 제1호 다목, 카목, 파목, 하목에 해당하는 고위공직자로 재직 중에 본인 또는 본인의 가족이 범한 고위공직자범죄 및 관련범죄의 공소제기와 그 유지를 그 임무로 한다.

수사권은 수사처법 제2조에 규정된 고위공직자가 범한 일정한 범죄군에 대해 수사권을 행사하는데 공소권은 이러한 수사권 행사 영역과 달리 그중에서 법관, 검사, 경무관 이상 경찰공무원 및 그 가족이 범한 범죄에 대해서만 공소권을 행사한다.

## (3) 수사처검사의 이중적 지위

수사처법에 의하면 수사처는 수사처검사와 수사처수사관을 두는데 수사처검사는 수사처법 제3조 제1항 각 호에 따른 수사와 공소의 제기 및 유지에 필요한 행위를 하고(수사처법 제20조 제1항), 수사처수사관을 지휘·감독한다(수사처법 제20조 제2항).

앞에서 설명하였듯이 '검사'는 형식적으로 명칭을 '검사'라고 부른다고 하여 검사일 수는 없고 그 실질에 있어 공소권을 행사하는 기관이어야 검사라고 할 수 있으며 다른 수사기관과 구분된다.

그런데 수사처법에 의하면 수사처검사는 법관, 검사, 경무관 이상인 경찰관에 대해서만 공소권을 행사하므로 그러한 공소권의 한도에서는 검사라고 할 수 있으나 공소권이 없는 나머지 대상자의 범죄에 대해서는 검사라고 할 수 없고 단순한 수사기관의 하나일 뿐이다.

수사처법 제23조는 수사처의 검사가 수사처수사 대상 범죄에 대하여 수사를 할 수 있다고 규정하고 있으므로 수사처의 검사는 공소권을 행사할 수 있는 영역 이외의 범죄에 대해서도 수사를 할 수는 있다. 그러나 공소권이 없이 수사권만 행사하는 영역에 있어서는 검사가 아니고 단순한 수사기관에 불과하다. 그리고 이와 같이 공소권을 행사하지 못하는 영역에 있어 수사처검사는 사건의 수사는 하되 수사를 마치면 검사에게 사건을 송치하여야 한다. 그러므로 그 실질은 사법경찰관이다.

형사소송법은 수사권자로서 검사와 사법경찰관을 구별하고 있고 형사소송법상의 검사는 공소권과 수사권을 행사하는 기관이며 사법경찰관은 수사만 하는 기관이다. 사법경찰관은 수사대상범죄에 제한이 없는 일반사법경찰관과 수사대상 범죄를 특별한 영역으로 제한하는 특별사법경찰관이 있다. 수사처의 수사관은 수사대상 범죄가 제한되어 있으므로 특별사법경찰관에 해당하며 수사처의 수사관이 특별사법경찰관에 해당함은 수사처법 제21조 제2항에 명문의 규정이 있다.

그런데 수사처법은 수사처의 검사의 실질을 사법경찰관의 기능에 머물게 규정하면서도 그 지위에 관하여 규정하고 있지 않다. 이는 아마 공소권을 행사하는 영역이 있으므로 검사로 칭한 것으로 보인다. 그러나 앞에서 설명하였듯이 공소권을 행사하는 영역에 있어서는 검사라고 할 수 있어도 공소권이 없는 영역에 있어서는 검사가 아니라 특별사법경찰관에 불과하다.

## 4. 헌법상 영장청구권의 문제

### (1) 헌법 규정

### 1) 영장청구절차 규정

헌법 제12조 제3항 본문은 "체포·구속·압수 또는 수색을 할 때에는 적법한 절차에 따라 검사의 신청에 의하여 법관이 발부한 영장을 제시하여야 한다."라고 규정하고 있고, 헌법 제16조는 "모든 국민은 주거의 자유를 침해받지 아니한다. 주거에 대한 압수나 수색을 할 때에는 검사의 신청에 의하여 법관이 발부한 영장을 제시하여야 한다."라고 규정하여 강제처분에 관한 영장은 검사가 법관에게 신청하여야 함을 헌법적 수준으로 규정하고 있다.

이는 국민의 기본권에 대해 중대한 침해를 초래하는 강제처분에 있어서는 법관에 의한 영장심사만으로는 불충분하다고 생각한 국민이 헌법제정권력에 의해 영장의 신청절차에서도 검사의 심사를 거치도록 하여 기본권 보장에 관한 이중의 보장장치를 헌법적 수준으로 마련한 것이다.

헌법에는 '신청'이라는 용어를 사용하고 있으나 형사소송법에는 검사가 영장을 '청구'한다는 용어를 사용하고 있어 일반적으로 이를 검사의 영장청구권이라고 한다.

강제처분을 위한 영장을 발부받는 것은 강제수사의 권한을 내포하고 있으므로 헌법이 규정하는 검사의 영장청구 규정은 검사의 강제수사권을 헌법적 수준으로 규정하고 있는 것이다. 또한 강제수사는 그 준비단계인 임의수사영역의 수사도 내포하고 있다고 할 수 있으므로 이는 임의수사권도 내포하는 것으로 보아야 한다. 즉, 헌법은 검사의 수사권을 헌법적 수준으로 규정하고 있는 것이다.

### 2) 검찰총장 임명의 국무회의 심의

헌법 제89조 제16호는 검찰총장의 임명을 국무회의 심의사항으로 규정하고 있다. 이는 검찰권 행사의 최고책임자인 검찰총장의 임명의 중요성을 감안하여 헌법적 수준에서 국무회의 심의사항으로 규정하고 있는 것이다.

## (2) 헌법상 영장청구권자로서의 검사의 의미

1962년의 헌법 개정시에 검사의 영장청구권 규정이 헌법에 도입될 당시에는 검사는 검찰청법상의 검사뿐이었고 당시의 구상은 검사와 검사 이외의 수사기관으로 구분하여 영장청구권 행사자를 검사로 단일화하고자 하는 것이었다. 그러므로 1962년의 헌법 개정 당시의 헌법제정권력자의 결단은 검찰청법상의 검사 이외의 검사를 상정하지 않았다.

나아가 앞에서 본 바와 같이 헌법 제89조는 검사가 행사하는 검찰권의 최고책임자로서 검찰총장을 헌법에 규정하고 있다. 따라서 헌법에서 영장청구권자로 규정한 검사는 검찰총장을 정점으로 하여 그 지휘권하에 있는 검사를 의미하며 이는 검찰청법상의 검사를 의미한다고 해석해야 할 것이다.

따라서 검찰청법상의 검사 이외에 다른 법률로서 검찰총장의 지휘하에 있지 않은 검사를 규정하여 그에게 영장청구권을 부여하는 것은 헌법에 반하여 위헌으로 생각된다.

이와 달리 검사를 정부조직 내에 여러 기관이 두고 운영할 수 있다고 해석하는 견해도 있는데, 이렇게 해석하면 경찰 소속으로 검사를 두고 경찰 소속 검사가 영장청구권을 행사하도록 할 수도 있을 것인데 이는 검사로 영장청구를 일원화하고자 하였던 헌법 취지에 반한다고 할 것이다.

나아가 특별검사의 경우 영장청구권을 행사한 사례가 있다는 점을 들기도 한다. 특별검사는 특정한 사건의 수사를 위해 임시적으로 설치되었다가 그 사건 수사가 종결되면 없어지는 임시기구라는 점에서 예외로 인정할 수 있으나 상시기구로서의 다른 국가기관에 검사를 두고 영장청구권을 행사하도록 하는 것은 헌법에 반한다고 본다.

### (3) 수사처검사의 이중적 지위와 관련한 영장청구권 문제

나아가 검찰청법상의 검사 이외에 별도로 검사를 둘 수 있다는 견해에 의하더라도 수사처법상 수사처검사의 영장청구권은 그 범위에 있어 문제가 있다.

즉, 앞에서 본 바와 같이 수사처검사는 법관, 검사, 경무관 이상의 경찰관의 범죄에 대해서만 공소권을 가지므로 그러한 한도에서만 비로소 검사라고 할 수 있으며 그 이외의 범죄에 대해서는 수사권만을 가지는 수사기관에 불과하다.

수사권만을 가지는 수사기관에 검사라는 칭호를 사용하는 기관을 두고 그 기관에 영장청구권을 행사할 수 있도록 하는 것은 앞에서 본 바와 같이 '검사'라는 기관의 본질에 반하고 헌법에서 공소권을 행사하는 검사와 다른 수사기관을 구분하여 공소권을 행사하는 검사로 하여금 영장청구 여부를 심사하도록 한 헌법의 입법취지에 반한다.

따라서 검찰청법상 검사 이외의 검사에게도 영장청구권을 인정할 수 있다는 견해에 의하더라도 수사처검사는 기소권을 행사할 수 있는 사건에 대해서는 영장청구권을 행사할 수 있으나 기소권을 행사할 수 없는 사건에 대해서는 영장청구를 할 수 없으며 검사에 신청하여 검사의 청구로 영장을 발부받아야 할 것이다.

## 5. 수사처장의 임명방법 문제

### (1) 헌법상 권력분립의 원칙과 공무원 임명절차

헌법은 국가권력을 입법, 행정, 사법으로 분리하고 각 기관이 서로 견제와 균형으로 권력의 남용이 없도록 구성하고 있다.

각 기관의 담당자인 공무원 임명절차는 민주적 정당성 중 인적 정당성의 원리상 선출직으로 연결되는 고리가 끊임없이 연결되어야 하는 기본적인 구조를 가져야 한다. 한편 입법, 행정, 사법은 각 부에 대해 책임을 지는 기관에 그 소속 공무원에 대한 임명권을 부여한다. 헌법 제78조는 대통령이 헌법과 법률이 정하는 바에 따라 공무원을 임면한다고 규정하고 있는데, 국회사무처법에 의하면 국회사무처의 공무원은 국회의장이나 사무처장이 임면하도록 규정한 것도 권력분립에 따른 구조로 볼 수 있다.

　　다만, 민주적 정당성의 강화나 권력분립의 견제와 균형상 필요한 경우 다른 기관의 공무원 임명절차에 대해 다른 기관이 관여하는 절차를 헌법에 규정하고 있다. 예컨대 국무총리, 대법원장 및 대법관 등의 임명절차에 국회의 동의를 받게 하는 것 등이 그 예이다.

　　헌법재판소나 법원과 같이 독립적 기관의 경우는 그 담당자가 임명되면 이후의 권력 행사에 있어서는 국회의 통제를 받지 않으므로 그만큼 임명절차에서 민주적 정당성을 강화하거나 다른 기관의 견제를 위한 관여 장치가 필요하다.

　　예컨대 독일 기본법에서 독일 헌법재판소의 재판관은 독일 연방 상원과 하원에서 선출하도록 하는 것(독일 기본법 제94조)이나 독일 연방대법원의 법관 임명절차에 있어 연방의 해당 부분 장관이(예컨대 연방 형사법원은 연방 법무부장관, 연방 노동법원은 연방 노동부장관) 주 장관들과 연방하원에서 선정한 위원들로 구성된 법관선출위원회와 함께 결정하도록 한 것(독일 기본법 제95조) 등을 들 수 있다.

## (2) 수사처법상 처장 임명절차

　　수사처법의 처장 임명절차는 국회 소속의 추천위원회에서 2명을 추천하고 대통령이 1명을 지명하여 인사청문회를 거쳐 임명한다. 이때 처장은 행정권을 행사하는 공무원인데 처장의 임명절차에 있어 국회에서 추천하는 것은 권력분립의 원칙에 반한다는 논란의 소지가 있다(행정부 소속이 아닌 것으로 만들면 위헌문제가 있다는 점은 앞에서 설명하였다).

법원이나 헌법재판소 등과 같이 헌법에 독립기관으로 규정되어 있는 경우 그 임명절차에 있어 국회의 동의를 받는 등으로 관여하는 것은 헌법에 규정되어 있고 임명절차의 민주적 정당성을 강화하는 방법으로 타당할 것이다. 그러나 헌법에 그러한 규정이 없이 국회가 임명절차의 시작, 즉 추천절차에서 추천권을 행사하는 것은 헌법상 삼권분립의 원칙에 반한다고 본다.

과거 특별검사에 있어서는 대법원장 추천 등의 사례가 있었으나 특별검사는 특정한 사건에 대한 일시적인 기관이기 때문에 예외로 인정할 수 있겠지만 상시적 기관으로서 설치되는 수사처에 있어서는 예외를 인정하기 어렵다.

다만, 추천위원회를 정부 산하, 즉 행정각부 소속으로 하는 경우 그 장관 소속으로 위원회를 구성하되 위원회의 구성에 있어서 대법원 추천인사, 국회 추천인사 등이 포함되는 방안은 가능하다고 할 것이다. 이 문제도 수사처를 행정각부 소속으로 하면 해결될 수 있을 것이다.

## 6. 수사처의 지휘체계

### (1) 수사처수사, 기소의 주체가 누구인가
### 1) 수사, 기소의 주체는 관청이어야 한다

국가권력에 관한 의사를 결정하고 외부적으로 표시할 수 있는 기관, 즉 처분을 할 수 있는 기관을 관청이라고 한다. 이와 같이 처분을 할 수 있는 것은 관청이므로 수사주체가 되려면 관청이어야 한다.

관청은 1인이 관청인 단독제 관청과 수인이 관청인 합의제 관청이 있다. 관청이 1인인 경우에도 관청의 업무수행을 도와주는 다수의 공무원들이 있는 경우가 있다. 이와 같이 관청의 업무수행을 보조하는 기관을 보조기관이라고 하며 관청과 보조기관들이 모여 있는 곳을 관서라고 한다.

### 2) 관청으로서의 수사처장

수사처법 제3조 제1항은 '고위공직자범죄등에 관하여 다음 각 호에 필요한 직무를 수행하기 위하여 고위공직자범죄수사처(이하 "수사처"라 한다)를 둔다'고 하여 각 호에 규정한 직무를 '수사처의 직무'라고 규정하고 있다. 또한 제3조 제2항도 수사처는 '그 권한에 속하는 직무'라고 하여 수사처의 직무라는 용어를 사용하고 있다.

그런데 그 수사처의 직무는 수사처법 제17조 제1항에 따라 처장이 그 사무를 통할하므로 수사처의 직무에 관한 관청은 수사처장이다. 따라서 수사처에서 행하는 수사, 기소의 주체는 수사처장이다.

### (2) 관청인 수사처장과 보조기관인 수사처검사

수사처법은 수사처의 직무를 관장하는 관청으로 수사처장을 두고, 그 보좌기관으로 차장을 두도록 하고 있다(수사처법 제18조).

한편, 수사처의 직원으로서 수사처검사(수사처법 제8조)와 수사처수사관(수사처법 제10조)을 두고 있는데 이들은 관청이 아니고 관청인 수사처장의 보조기관들이다. 또한 수사처에는 행정에 관한 사무를 위해 필요한 직원을 둘 수 있다(수사처법 제11조).

### (3) 수사처장과 수사처검사의 관계

수사처법상 수사처의 직무의 주체는 관청인 수사처장이다. 수사처장은 수사처검사로 하여금 그 권한에 속하는 직무의 일부를 처리하게 할 수 있다. 이는 수사처장 직무의 위임이다. 이에 따라 수사처검사는 보조기관으로서 수사처장의 직무위임을 받아 직무를 수행할 수 있다.

이와 같이 수사처검사와 수사처장의 관계는 관청과 보조기관의 위임관계이므로 수사처장의 수사처검사에 대한 지휘권은 위임의 성질상 당연하다. 이에 따라 수사처법 제17조 제1항은 수사처장의 지휘감독권을 규정하고 있고, 수사처법 제20조 제2항은 수사처검사가 수사처장의 지휘에 따라야 할 의무를 규정하고 있다.

한편, 수사처장은 수사처검사의 직무를 자신이 직접 처리할 수 있고(직무승계), 수사처검사의 직무를 다른 수사처검사로 하여금 처리하게 할 수 있다(직무이전). 이러한 관계도 수사처장과 수사처검사의 관계에 비추어 당연히 인정되는 관계이다.

### (4) 수사처검사의 직무수행 방법: 사건에 대한 처분은 수사처장 명의

수사처검사는 수사처법 제3조 제1항 각 호에 따른 수사와 공소의 제기 및 유지에 필요한 행위를 할 수 있다. 따라서 그 직무수행에 있어 피의자신문, 참고인 조사, 공판관여 등 개별적 행위들은 수사처검사 명의로 할 수 있다.

그러나 수사처법상 수사처검사는 관청이 아니라 수사처장의 보조기관이므로 사건 자체에 대한 처분, 즉 수사권만 있는 범죄에 있어서의 검사에의 송치, 기소권이 있는 범죄에 있어서의 기소, 불기소의 처분은 수사처장 명의로 행하여야 하며 수사처검사 명의로 할 수는 없다.

### (5) 검찰청법과의 비교

이와 같은 수사처법의 구조는 검찰청법과 다르다. 검찰청법은 검찰청법 제4조에서 수사, 기소의 직무를 검사의 직무라고 하고 있다. 즉, 검사가 관청이다. 따라서 검찰청은 관청인 검사들이 모인 관서이다.

그런데 검사가 각각 관청이나 구체적으로 개별 검찰청에서 검사의 직무를 누가 수행하는가는 조직법인 검찰청법에서 규정하고 있다.

먼저, 검찰청법은 대검찰청에서는 검찰총장(검찰청법 제12조 제2
항), 고등검찰청에서는 고등검찰청 검사장(검찰청법 제17조 제2항), 지
방검찰청에서는 지방검찰청 검사장(검찰청법 제21조 제2항), 지청에서
는 지청장(검찰청법 제22조 제2항)이 각 해당청의 사무를 맡아 처리
한다고 규정하고 있다. 이들 각 조항에서 규정하는 사무는 행정사무
만을 의미하는 것이 아니라 수사, 공소를 포함하는 검사의 사무 전
체를 포함한다.[11] 따라서 해당 청에서 행하는 사건에 대한 수사권
의 주체는 일단은 해당청의 기관장인 검찰총장, 검사장, 지청장 등
이 된다.

검찰의 대부분의 수사는 지방검찰청에서 행해지는데 앞에서 본
바와 같이 지방검찰청에서는 검사장이 기본적 수사주체이다. 그런데
검사장은 소속 검사로 하여금 그 권한에 속하는 직무의 일부를 처
리하게 할 수 있다(검찰청법 제7조의2 제1항). 이러한 위임규정에 따
라 구체적 사건의 처리를 소속 검사에게 위임하게 되고 그러한 위
임을 받은 검사가 그 사건의 구체적인 수사주체가 되는 것이다.

실무에서는 이러한 위임절차가 사건 배당이라는 절차에 의하여
행해지며 사건을 배당받은 검사를 그 사건의 주임검사라고 칭한다.
그런데 검찰청법은 이와 같이 검사를 검사장의 보조기관으로 하지
않고 검사 스스로를 관청으로 규정하고 있으므로 주임검사는 관청
으로서 자신의 명의로 권한을 행사한다. 즉, 우리법상 검사는 단독
제 관청으로서 검사장과 마찬가지로 관청이므로 여기서의 위임은
관청과 관청 간의 위임이다.[12]

---

11) 재판권과 관련하여 각 재판부인 법원이 독립관청으로 되어 있는 법원에 있어서
   각급 법원장들이 사법행정사무를 관장하는 것(법원조직법 제13조 제2항, 제26조
   제3항, 제29조 제3항, 제31조 제3항)과 다르다.
12) 검사를 관청으로 할 것인지 보조기관으로 할 것인지에 대해서는 입법례가 다르
   다. 예컨대 독일은 형사소송법상 검찰권 행사자를 검사들의 전체로서 검찰

그런데 수사처법에서는 수사처장을 관청으로 하고 수사처검사는 처장의 보조기관으로 규정하고 있기 때문에 사건에 대한 처분을 관청인 처장 명의로 하여야 한다.

## 7. 대상 범죄의 범위와 조직 규모 문제

### (1) 대상 범죄의 범위와 실제 발생 건수

대상 범죄의 범위는 수사처를 설치하는 경우 '그 기관이 상시적으로 할 일이 있겠는가'라는 문제와 연결된다. 수사처법은 대체로 원칙적으로 정무직 공무원을 대상으로 하고 특정한 직역에 있어서는 3급 이상 공무원을 대상으로 하며, 직무와 관련된 부패범죄를 주요 대상으로 한다.

범죄통계로 볼 때 2013년 수뢰죄로 수사된 공직자로 3급 1명, 2급 1명, 1급 1명으로 합계 5명이었고, 직권남용 3급 2명, 2급 2명, 1급 3명 합계 7명, 직무유기 3급 2명, 2급 0명, 1급 1명 합계 3명이었다. 2014년 수뢰죄 3급 3명, 2급 2명, 1급 0명 합계 5명, 직권남용 3급 8명, 2급 2명, 1급 1명 합계 11명, 직무유기 3급 5명, 2급 2명, 1급 2명 합계 9명이었다.[13]

---

(Staatsanwaltschaft)로 규정하고 있고, 각급 청에서는 검사장 이외의 다른 검사들은 검사장의 대리인으로 구성(다만 외부적으로는 위임관계를 표시하지 않음)하고 있다(독일 법원조직법 제144조). 프랑스는 형사소송법상 검찰권 행사자는 검사장인데 예컨대 1심 절차(수사절차 포함)에서는 지방검찰청 검사장(Procureur de la Républic)이 검찰권 행사자이다. 지방검찰청의 검사는 검사장, 차장검사(procureur de la républic adjoint), 부장검사(vice procureur), 검사(substitut)로 구성되는데 외부적 권한 행사의 경우 예컨대 공소장 등에는 "Procureur de la Républic" 다음에 "substitut 이름 서명"으로 표시한다. 미국은 검사장이 검사이며 그 외는 보조자(assistant)로서 공소장 등에는 예컨대 연방검찰은 Assistant U.S. Attorney라고 표시하고 서명한다. 일본은 우리와 같은 법률구조로서 검사장을 권한자로 하고 위임관계로 규정하며 단독제 관청인 개별 검사가 자기 명의로 권한을 행사한다. 독일, 프랑스, 미국의 검찰제도 및 권한 행사방법에 대해서는 김종구 외 7인, 『검찰제도론』, 법문사, 2012 참조.
13) 인터넷 범죄와 형사사법통계정보의 범죄통계 DB 자료.

이와 같이 국회의원, 정무직 공무원, 3급 이상 공무원 등의 범죄 발생 건수가 실제로는 매우 적어서 수사처가 설치되는 경우 평소에는 할 일이 없어 주로 정보수집 활동만 할 것으로 예상된다. 정보수집 활동을 주로 한다는 것은 사찰기관화의 위험과 연결된다.

## (2) 조직의 규모 문제

이와 같이 수사처법은 대상범죄와 관련한 예상 범죄발생 건수가 많지 않으므로 조직 구성을 소규모로 규정하고 있다. 즉, 검사 25명 이내 수사관 40명 이내이다.

수사처검사는 인사위원회 추천으로 대통령이 임명하고(수사처법 제8조 제1항), 수사처수사관은 처장이 임명한다(수사처법 제10조 제1항). 수사처장도 최종적으로는 대통령이 지명하여 수사처장 임명이 대통령의 영향력하에 있으므로 수사처검사의 임명은 대통령의 권한이 절대적이다.

조직의 규모가 작다는 것은 수사처장을 임명할 수 있는 기회를 가진 정치세력이 자기사람으로 수사처검사와 수사관을 채워서 자기편 검찰을 하나 만드는 결과를 가져올 수 있다.

처장의 임기는 3년으로 중임할 수 없으나(수사처법 제5조 제3항) 검사의 임기는 최장 9년(임기 3년, 3회 연임가능)으로 정권이 바뀌어도 전 정권에서 임명된 소수의 검사들이 계속 유지되고, 수사관은 연임이 가능하므로 최초 설치시 임명된 수사관들이 정년까지 갈 것이므로 최초 설치시 임명된 구성원들의 성향이 계속 유지될 것으로 보인다.

즉, 정치적으로 중립적이고 객관적인 검찰기관을 별도로 만들자는 취지와는 전혀 다르게 결과는 정치적으로 어떤 정치세력이 장악하는 지극히 정치적인 검찰기관이 나타날 위험이 있다.

### (3) 향후의 보완 방향

이와 같은 사찰기관화의 위험과 정치적 편향성의 위험을 해결하려면 그 구성에 있어 어떤 정치세력이 소위 자기사람으로 채워서 구성할 수 없도록 해야 한다. 이는 조직의 규모를 더 크게 하면 가능하다.

즉, 수사 대상을 수사처법과 같이 정무직 이상의 고위공직자에 한정하지 않고 노무현 대통령 시절에 만들었던 공수처 안과 같이 전체 공직자로 확대하는 것이다.

이와 같이 확대하면 평소에도 수사처가 활동할 수 있는 사건이 상시적으로 존재하여 사찰기관화의 우려를 불식시킬 수 있을 것이다. 또한 조직이 전국 규모로 되므로 대규모의 사건이 발생하였을 때 탄력적으로 조직을 운영할 수도 있을 것이다.

나아가 그 구성원의 수가 큰 규모가 될 것이어서 특정한 정치세력이 구성원들을 자기사람으로 채우는 것은 불가능해질 것이다.

## 8. 검찰과의 관할 경합 문제

수사처의 직무 범위가 일정 영역의 범죄 전체를 대상으로 하는 것이 아니고 공무원 중 일부만을 대상으로 하기 때문에 검찰과의 관할 경합문제가 필연적으로 발생한다. 이에 대한 해결방법을 적절히 규정하지 않으면 국가기관 간에 다툼과 알력이 상시적으로 발생하여 국정 운영에 장애가 될 것이다.

이에 대한 수사처법의 규정은 수사처에 우선 관할권을 부여하여 대상범죄가 발생하면 다른 수사기관은 수사처장에게 통보하고, 수사처장이 이를 수사처에서 처리할 것인지를 결정할 수 있다(수사처법 제24조). 규범적으로는 이와 같이 할 수밖에 없을 것인데 현실에 있어 효율적일지는 의문이다.

일반적으로 고위공직자 범죄사건은 처음부터 그 사건에 고위공직자가 관련되어 있는 것으로 알려져 수사가 개시되는 경우보다는 기업비리 등을 수사하다가 단서가 확인되는 경우가 많다. 이와 같은 경우에 전체사건을 수사처로 이첩할 것인지 수사처 대상범죄만 이첩할 것인지도 문제이고, 수사의 흐름이 끊기는 문제, 검찰이 가지고 있는 생각과 수사처의 생각이 다른 경우에 발생할 수 있는 충돌과 기관 간 불신 문제 등 다양한 문제점들이 예상된다.

## 9. 검사의 기소 여부 결정과 수사처장의 재정신청 문제

수사처법은 일정 대상자(검사와 판사, 경무관 이상 경찰공무원)에 대하여는 수사처가 기소권까지 행사하지만 나머지 사건에 있어서는 검사에게 사건을 송치하고 그 기소 여부를 검사가 결정한다(수사처법 제26조 제1항).

그런데 수사처장은 검찰에 송치한 사건에 대한 검사의 불기소처분에 대해 불복하여 고등법원에 재정신청을 할 수 있다(수사처법 제30조 제1항). 이 규정은 수사처가 단순한 고발기관이 아니라 스스로가 수사기관인 점에서 매우 부적절한 발상이다.

재정신청 제도는 정부에 어떤 사람을 기소해달라고 요청한 고소, 고발자가 검사의 불기소처분에 대해 불복하여 고등법원에 재정을 구하는 제도이다. 즉, 재정신청은 정부의 권한 행사에 대해 법원에 불복하는 것이지 정부 내부의 기관들이 서로 다투면서 정부의 권한 행사를 어떻게 할 것인지를 법원에 묻는 제도로 구성할 수는 없다. 그렇게 되면 정부가 스스로의 의사결정을 못하여 법원에 그 결정을 맡기는 것이므로 부적절하다. 이 조문은 수사처가 정부 소속 기관이 아닌 것을 전제로 만든 것으로 보이는데 수사처를 정부 소속으로 하지 않는 것 자체가 위헌이라는 점은 앞에서 설명하였다.

현재 형사소송법에서 재정신청을 할 수 있는 것은 범죄피해자인 고소인이고, 개별법에서 기관들로서 재정신청을 할 수 있는 선거관리위원회 등은 정부 내부가 아니라 정부 밖의 기관들이다. 따라서 수사처에 고소 또는 고발을 한 고소·고발인이나 범죄 피해자가 검사의 불기소처분에 대해 재정신청을 하여 불복하는 방식은 가능하나, 수사처장이 재정신청을 하는 것은 부적절하고, 재정신청 제도의 취지에도 맞지 않는다.

## Ⅳ. 향후의 대안 모색

새로 제정된 수사처법상의 수사처는 앞에서 본 바와 같이 정부 밖에 행정권을 행사하는 기관을 설치한다는 점에서 헌법의 근거가 없고, 민주적 정당성을 결여하여 헌법상의 민주주의 원리에 반하는 위헌적인 법률이기 때문에 이러한 수사처법에 의해 설치된 수사처 또한 위헌의 기관이 된다.

따라서 수사처의 수사대상이 된 사람이 헌법 제12조 제1항의 형벌 등에 관한 적법절차 규정에 반하여 신체의 자유를 침해당하고, 제3항의 강제처분에 관한 적법절차 규정을 위반하여 신체의 자유, 주거의 자유, 재산권을 침해당하며, 평등권, 행복추구권을 침해당하였다는 이유 등으로 헌법소원을 한다면 위헌으로 판결될 것으로 보인다.

이와 같은 위헌의 문제를 해소하려면, 앞에서 설명한 바와 같이 수사처를 행정각부 소속으로 개정하여야 하며 가장 적절한 소속 부는 법무부로 보인다.

특히 사견으로는, 현재 검찰의 문제는 검찰이 특별수사를 너무 많이 함으로써 거대권력화되고 그 특별수사에 있어 정치적 편향성이나 불공정, 권한남용 등의 폐해가 나타나기 때문에 이를 해결하자는 것이고 그 방향은 적절하다고 본다. 그리고 그 방향은 검찰의 특별수사기구와 인력의 축소로 해결하면 될 것이다.

그런데 이와 같이 현재 검찰이 담당하고 있던 특별수사영역에서 검찰을 빼게 되는 경우 그 특별수사를 누가 담당할 것인가의 문제가 있다. 이는 고위공직자 수사의 영역뿐만 아니라 검찰이 담당하고 있는 부패범죄, 경제범죄 등 여러 분야에서 문제된다.

이에 대해 현재의 상황에서 검찰이 담당하고 있던 특별수사영역을 경찰이 담당하게 하는 것은 부적절하다. 경찰은 그 기본 기능이 치안을 담당하는 것이며 이에 따라 치안현장에서 발생하는 치안 관련 범죄를 수사하는 것이 경찰의 본질이다.

이러한 경찰이 치안과는 상관없는 부패범죄나 경제범죄 등과 같이 국가적으로 영향력이 있는 권력형 범죄에 대한 수사를 담당하게 하면서 사정기구로 등장하게 하는 것은 그 본연의 임무에도 반하고 국가적으로도 경찰의 거대권력화로 인한 폐해가 예상된다. 이러한 영역의 수사는 경찰이 아니라 그러한 영역을 수사하는 별도의 수사기구가 담당하는 것이 적절하다. 독일, 일본 등은 이를 검찰에서 담당하고 있고, 미국은 연방수사국(FBI), 영국은 경제범죄수사국(SFO) 등 경찰이 아닌 별도의 수사기구를 두고 있다.

따라서 검찰이 담당하고 있는 특별수사기능을 담당할 사법경찰기구를 경찰과는 별도로 구성하는 것이 적절하다. 그러므로 수사처는 소규모의 고위공직자를 대상으로 하는 기구가 아니라 검찰이 담당하고 있던 특별수사영역을 담당할 수 있는 대규모의 수사기구로 만드는 것이 적절하다. 즉, 국가수사청을 설립하는 것이다.

그리고 그 인력을 구성함에 있어서 현재 검찰에 소속된 수사관들과 현재 경찰에서 특별수사를 담당하고 있는 부서의 인력을 이동시키면 될 것이다. 그렇게 하면 검찰도 특별수사영역을 대폭 축소하고 경찰 수사에 대한 지도 및 통제와 공소권 행사에 집중할 수 있으며, 경찰도 치안과 관련된 범죄의 수사만을 담당하여 경찰의 특별수사로 인한 거대권력화의 위험도 함께 방지할 수 있을 것이다.

# 제 3 장

# 검찰청법상
# 검사의 수사개시권 제한 문구의 해석

## I. 개정 조문의 내용

### 1. 현행법

현행법은 형사소송법 제195조에 "검사는 범죄의 혐의있다고 사료하는 때에는 범인, 범죄사실과 증거를 수사하여야 한다."라고 규정하고, 검찰청법 제4조 제1항 제1호에 검사의 직무로서 '범죄수사, 공소의 제기 및 그 유지에 필요한 사항'이라고 규정하고 있다.

### 2. 개정 검찰청법

개정된 형사소송법은 제196조에 검사의 수사권에 대해 "검사는 범죄의 혐의가 있다고 사료하는 때에는 범인, 범죄사실과 증거를 수사한다(개정법 제196조)."라고 하여 현행법과 같이 검사의 수사권을 제한하고 있지 않다. 즉, 권한규범인 형사소송법이 검사의 수사권을 제한 없이 부여하고 있다.

그런데 개정 검찰청법은 조직규범인 검찰청법에 검사의 수사개시권을 제한하는 문구를 두고 있다. 즉, 검찰청법 제4조 제1항 제1

호에서 다음과 같이 규정하고 있다.

1. 범죄수사, 공소의 제기 및 그 유지에 필요한 사항. 다만, 검사가
수사를 개시할 수 있는 범죄의 범위는 다음 각 목과 같다.
가. 부패범죄, 경제범죄, 공직자범죄, 선거범죄, 방위사업범죄, 대형
참사 등 대통령령으로 정하는 중요 범죄
나. 경찰공무원이 범한 범죄
다. 가목·나목의 범죄 및 사법경찰관이 송치한 범죄와 관련하여
인지한 각 해당 범죄와 직접 관련성이 있는 범죄

## Ⅱ. 검사의 수사개시권 제한 문구의 법체계상 문제점

### 1. 위헌 문제

먼저 헌법은 검사를 강제수사를 위한 영장청구권자로 규정하고
있다. 이는 검사를 강제수사권자로 규정하고 있는 것이다. 수사는
임의수사와 강제수사가 있으나 강제수사권은 곧 수사권을 의미한다.
헌법은 검사에게 수사권을 부여하면서 이를 제한하고 있지 않다.
그럼에도 불구하고 법률로 검사의 수사권을 제한한다면 위헌의 문제
가 있다.

### 2. 형사소송법과 검찰청법의 관계

수사권과 관련한 권한부여규범은 형사소송법이다. 이에 대해 검
찰청법은 조직규범으로 검찰의 조직과 검찰의 조직 내에서의 권한
행사자, 행사방법 등을 규정하는 것이다. 검찰청법 제4조는 검사의
직무로 나열된 사무에 대해 검사가 관청으로 행사하는 것을 규정한
것이다. 여기서 그 직무로 '범죄의 수사'를 규정한 것은 형사소송

법에서 부여된 수사권을 검사가 단독관청으로 행사한다는 것을 말한다.

법체계상 검사의 수사권과 관련하여서는 권한규범인 형사소송법이 우선이고, 조직규범인 검찰청법은 권한부여규범인 형사소송법이 부여한 권한을 검사의 직무로 규정하면서 이 권한을 행사할 검사의 조직과 권한 행사방법을 정할 수 있을 뿐이다. 그러므로 검찰청법에서 형사소송법이 규정한 수사권을 제한할 수는 없는 것이다. 이 점에서 개정법은 형사소송법과 검찰청법의 관계에서 권한부여규범과 조직규범의 체계를 간과하고 효력을 가질 수 없는 무리한 문구를 넣어 혼란만 초래하게 되었다.

## 3. 형사절차 법률주의 위반

형사소송법에 의하여 국가형벌권을 실현함에 있어서는 필연적으로 개인의 기본적 인권이 침해되지 않을 수 없다. 따라서 근대법치국가에서는 피의자 및 피고인의 기본적 인권을 보장하고 형벌권 행사의 적정을 도모하기 위해서 형사절차를 국회에서 제정한 법률에 의하여 규정할 것을 요구하고 있다(절차가 없으면 형벌도 없다). 이를 형사절차법정주의 또는 형사절차법정의 원칙이라고 한다.

헌법 제12조 제1항은 법률과 적법한 절차에 의하지 아니하고는 처벌을 받지 아니한다고 하여 법치국가원리를 규정하고 있는바, 처벌을 위한 절차는 '법률'에 의하여야 한다고 하여 형사절차법정주의를 규정하고, 나아가 법률에 규정된 형사절차가 공정한 재판의 이념에 일치하는 적정절차일 것까지 요구한다(적정절차의 이념).

따라서 수사기관의 내부적 업무수행절차 등은 대통령령이나 법무부령 등으로 위임하여 정할 수 있으나 처벌과 관련된 대국민적 효력을 갖는 사항은 법률로 규정되어야 하고 명령에 위임할 수 없다.

그런데 개정 검찰청법은 검사의 수사개시권 행사범위를 제한하는 문구를 도입하면서 제4항 제1호 가목에 그 범위를 대통령령에 위임하고 있다. 만약 이 규정이 검사의 수사개시권을 제한하는 효력을 갖는 규정이라고 하면 이는 처벌과 관련하여 중요한 대국민적 효력을 갖는 사항을 법률로 규정하지 않고 위임명령으로 규정하려는 것으로서 헌법 제12조 제1항에 의한 형사절차법정주의에 위반하는 위헌의 조항이 된다.

## Ⅲ. 검사의 수사개시권 제한의 기능상 문제점

### 1. 공소권자의 수사권은 공소권의 기능수행을 위해 필요

#### (1) 공소권자의 수사권 필요성

공소권자인 검사가 공소권을 적정하게 행사하기 위해서는 수사권이 뒷받침되어야 한다. 물론 범죄 사건은 사안이 가벼운 사건부터 복잡하고 중한 사건까지 다양하므로 공소권자인 검사가 모든 수사를 처음부터 개시, 진행하는 것은 검사의 인력에 비추어도 부적절하고 원칙적으로는 인력이 많은 경찰에서 1차적인 수사를 개시, 진행하도록 하는 것이 적절하다.

검사는 사안이 법리적으로 복잡하거나 중대하여 증거관계를 수사개시시부터 살펴보아야 하는 사건의 경우에 필요한 때에만 스스로 수사를 개시하는 것이 적절하고 이와 같은 실무가 보편적인 입법례이다.

한편, 경찰에서 검사의 수사지휘나 보완수사요구 등을 통해 수사를 보완한다고 하여도 경찰이 검사와 같은 공간에 있지 않는 한 검사에게 필요한 사항을 100% 완벽하게 보완해줄 수는 없다. 경찰 일선에도 개별 경찰관들의 업무부담도 있을 뿐만 아니라 공소관의 관점과 수사활동을 하는 경찰관의 관점이 다르므로 의사소통상의 문제도 있을 수 있다. 따라서 필요한 경우는 검사가 스스로 수사를 하여 공소제기 여부 판단에 필요한 자료를 수집할 수 있어야 공소 권 행사를 적절히 할 수 있는 것이다.

### (2) 검사의 수사권은 보편적 입법례

그러므로 공소관인 검사가 수사권을 가지고 수사를 할 수 있는 것은 보편적인 입법례이며 이것이 잘못된 것처럼 말하는 것은 선전 선동에 가까운 왜곡이다.

독일 형사소송법 제160조 제1항은 "검사는 고소, 고발 그 밖에 다른 방법으로 범죄혐의가 있다고 알게 된 때에는 이에 대한 공소제기 여부를 결정하기 위하여 이를 수사하여야 한다."라고 규정하고 있다.

일본 형사소송법 제191조 제1항도 "검사는 필요하다고 인정하는 때에는 스스로 범죄를 수사할 수 있다."라고 하여 검사의 수사권을 인정하고 있다.

검사가 주로 공소기능만을 행사한다는 미국에서도 검사가 수사권을 가지고 있다. 미국 변호사협회에서 발간한 검사의 기능에 관한 형사절차의 기준(Criminal Justice Standards for Prosecution Function)에 의하면, '검사는 형사사건의 **수사**(investigate)와 소추(prosecute)를 담당하는 법률가'라고 하고 있고(Criminal Justice Standards for Prosecution Function, Part 1. Standard 3-1. 1.항), 검사의 수사와 관련하여도 자세한 기준을 정하고 있다(Criminal Justice Standards for Prosecutorial Investigation).[1]

1990. 8. 27.부터 9. 7.까지 쿠바의 하바나에서 개최된 범죄예방과 범죄자에 대한 대응과 관련한 8차 유엔 회의에서 채택한 검사의 역할에 관한 가이드라인에 보면, 형사절차에 있어 검사의 역할에 대

---

1) 미국변호사 협회 홈페이지(www.americanbar.org/groups/criminal_justice/standards)에서 검색 가능하다.

한 부분에서 "검사는 공소제기를 포함하여 법령과 실무에 의해 인정되는 수사, 수사에 대한 감독(supervision), 법원의 재판의 집행에 대한 감독, 기타 공익의 대표자로서 인정되는 다른 기능의 행사 등 형사절차에 있어 적극적 역할을 수행하여야 한다(제11조)."라고 하여 검사가 수행할 기능 중 하나로 수사를 들고 있다.

이와 같이 공소권자인 검사가 규범적으로 수사권을 함께 보유하는 것은 검사의 공소기능수행을 위해서도 필요하고 보편적인 입법례이며 그 자체가 잘못된 것은 아니다.

## 2. 검사의 수사개시권을 제한하는 경우 검사의 기능수행상 장애

먼저, 사안이 법리적으로 복잡하거나 중대하여 증거관계를 수사 개시시부터 살펴보아야 하는 사건의 경우에는 검사가 스스로 수사를 개시하여 초동단계부터 개입하는 것이 타당하다. 그리고 이러한 경우에는 초동단계부터 검사가 수사를 개시하도록 하는 것이 보편적인 입법례이다.

그런데 이와 같이 검사가 초동단계부터 수사에 관여하여야 할 상황은 실무에서 다양하게 발생하므로 이를 나열하기 어렵다. 따라서 개정 검찰청법과 같이 검사가 수사를 개시할 수 있는 범죄군을 나열하는 방식으로 제한하려 하면 복잡다단한 사회현상 속에서 다양하게 발생하는 범죄상황에 대처하기 어렵다.

나아가 검사가 경찰 송치사건을 수사하는 보완수사에 있어서도 송치사건과 관련하여 새로 발견되는 범죄 등에 대하여 효율적으로 대응하기 위해서는 검사의 수사권한 자체를 열거적으로 제한하는 것은 부적절하다.

예를 들어 검사가 피의자 갑의 절도사건을 송치받아 수사하던 중 갑의 마약범죄 등 다른 범죄혐의를 발견한 경우에 이를 수사하

여 해결할 수 있어야 한다. 또한 경찰이 피의자 갑, 을, 병을 수사
하여 갑만 송치하고, 을, 병을 불송치한 사건에서 검사가 갑에 대한
보완수사를 하다 보니 을, 병의 범죄혐의도 인정된다고 판단하는 경
우에 이를 수사하여 해결할 수 있어야 한다.

개정 검찰청법은 송치사건 보완 수사 중 발견하는 범죄와 관련
한 이러한 지적에 대하여 개정안을 일부 수정하여 '사법경찰관이 송
치한 범죄와 관련하여 인지한 각 해당 범죄와 직접 관련성이 있는
범죄'라는 문구를 추가하였으나 '직접 관련성'이라는 문구 때문에 불
필요한 다툼의 원인을 만들어 놓았다. 따라서 이 문구들이 검사의
수사개시권을 제한하는 효력을 가지는 것이라면 검사의 업무수행상
장애가 초래될 것이다.

또한, 개정 형사소송법은 사법경찰관이 범죄혐의가 없다고 사료
하는 경우는 사건을 송치하지 않을 수 있도록 하였고, 그 경우에 검
사가 사건 기록을 송부받아 그 타당성 여부를 검토하여 통제할 수
있도록 하였는데 검사가 범죄혐의가 있는 것으로 생각하여 재수사
요청을 하는 경우에도 사법경찰관의 재수사가 검사의 요청대로 이
루어지지 않는 경우 검사가 직접 수사하여 이를 시정할 필요가 있
다. 이러한 통제기능수행을 위해서도 검사의 수사개시권을 제한하는
것은 타당하지 않다.

## 3. 수사권을 '수사개시권'과 '다른 기관이 개시한 수사의 수사진행권'으로 나누어 규율할 수는 없다

형사소송법은 검사에게 '수사권'을 부여하고 있으며 그 수사권
은 수사개시권과 수사진행권을 모두 포함한다. 또한 검사는 공소권
자로서 수사종료 후에 기소, 불기소를 결정하면서 수사를 종결하므
로 수사종결은 공소권의 일부로 행사한다.

여기서 수사개시, 수사진행 등의 용어는 수사권에 의해 수사가

진행되는 상황을 개념적으로 파악하여 사용하는 것이며 이는 기소, 불기소의 결정이라는 수사종결과 구분하기 위해 사용하는 것이다.

현행 형사소송법 제196조 제2항은 사법경찰관의 수사에 대해 규정하면서 수사를 '개시, 진행하여야 한다'는 문구를 두고 있으나 이 문구도 수사권을 '수사개시권'과 '수사진행권'으로 이를 구분하는 것이 아니고 사법경찰관은 수사권을 행사하는 수사기관일 뿐이고 공소권의 일부인 수사종결권은 행사하지 않는다는 의미이며, 따라서 수사 후에는 모든 사건을 검사에게 송치하도록 하고 있는 것이다.

따라서 형사소송법이 수사권을 수사개시권과 수사진행권으로 나누어 규율하고 있지 않음에도 이를 구분하고, 나아가 수사진행권을 ① 스스로 개시한 수사를 진행하는 권한, ② 다른 수사기관 등에 의해 개시된 사건에 대해 수사를 진행하는 권한으로 구분하여 후자의 권한만 인정하는 등으로 쪼갤 수는 없는 것이다.

## Ⅳ. 문제의 진단과 해결방법상의 오류

### 1. 검사가 직접 초기부터 수사에 나서야 할 경우

수사의 초기단계부터 직접 구체적 수사에 나서는 사람은 예단이나 편견을 가질 수 있고 현장 권력이기 때문에 정의와 공정이라는 형사사법의 이념과는 다른 이해관계에 노출되기 쉽다. 따라서 이와 같은 수사활동을 하는 기관은 수사활동에 그치도록 하고 그 수사활동의 적정성이나 수사결과에 대한 기소 여부의 판단은 다른 기관에서 하도록 하여 객관성과 공정성을 높이고자 한 것이 근대 형사소송법의 기본이고, 프랑스 혁명기에 이와 같이 수사활동의 적정성을 통제하고, 수사결과에 대한 객관적이고 공정한 판단을 할 수 있도록 도입한 것이 검찰제도이다.

따라서 이와 같이 수사활동을 하는 경찰은 사건에 대한 수사만

을 하고 그 수사에 대한 적정성 등에 대한 감독과 수사결과에 대한
기소 여부 판단은 검사가 담당하도록 기능을 배분하고 있다. 그러므
로 검사의 기본 기능은 공소제기 여부 판단, 공소유지와 경찰 수사
의 적정성에 대한 보완, 통제 등의 지휘·감독이다.

　이와 같이 검사가 직접 사건의 초기부터 스스로 수사활동에 나
서게 되면 객관성을 잃기 쉬우므로 검사가 스스로 수사를 개시하며
수사활동에 나서는 것은 사건이 법리나 사실관계상 복잡하고 중대
하여, 경찰에 맡겨두고 사후에 송치받으면 공소유지에 어려움이 생
길 수 있는 경우에만 예외적으로 하는 것이 보편적인 입법례이다.

　독일의 형사소송 및 과태료절차에 대한 규칙(Richtlinien für das
Strafverfahren und das Bußgeldverfahren, RiStBV) 중 형사소송에 대한
규칙 부분 제3조는 검사의 직접 수사에 대해 "검사는 **중요하거나**
(bedeutsamen), **법적 또는 사실적으로 어려운 사건**에 대해서는 범죄
장소를 직접 보아 확인하고, 피의자 또는 중요한 참고인을 직접 신
문하는 등 초기 수사부터 그 사실관계를 수사하여야 한다. 피의자를
참고인으로 직접 신문할 것인지를 판단함에 있어서는 범죄행위의
결과가 중요하다."라고 규정하고 있다.

　일본 형사소송법은 법률에 규정하면서 포괄적인 표현을 사용하
여 형사소송법 제191조 제1항에 '필요하다고 인정하는 때'라는 표현
을 사용하고 있다.

　미국 변호사협회에서 발간한 형사절차의 기준(Criminal Justice
Standards) 중 검사의 수사에 대한 기준(Criminal Justice Standards on
Prosecutorial Investigation) 제2장(Part 2)의 2.1조는 수사개시 또는 계
속진행의 결정(The decision to initiate or continue an investigation)이
라는 제목으로 다음과 같이 규정하고 있다.

(a) 검사는 수사대상을 선택함에 있어 넓은 재량을 가져야 한다. 따라서 법률과 정책상 필요로 되는 경우를 제외하면 검사는 특정한 사건을 수사하여야 할 절대적 의무를 부담하지 않아야 하며 수사를 개시하기 전에 자세한 혐의나 근거가 사전요건으로 요구되지 않는다.

(b) 생략

(c) 검사는 수사의 개시 또는 계속진행을 결정함에 있어 다음 사항을 고려해야 한다.

 (ⅰ) 범죄행위 존재에 대한 증거가 있는지 여부

 (ⅱ) 진행되는 범죄행위의 위험성 또는 해악의 정도를 포함하여 문제 또는 해당범죄의 성질 및 중대성

 (ⅲ) 동일 또는 유사법률에 대한 종전의 위반사항들의 연혁 및 그러한 위반사항들이 법집행기관 또는 그 외의 수단들에 의해 이전에 알려진 일이 있는지 여부

 (ⅳ) 범죄수사 개시를 의도하거나 근거지우는 데 영향을 줄 수 있는 동기, 이해관계, 편견 기타 다른 부적절한 요소들의 존재 여부

 (ⅴ) 형사적 법집행기관이 다음 사항을 해야 할 필요나 기대되는 효과

   (A) 비난가능한 행위의 처벌

   (B) 특별예방 또는 일반예방 효과

   (C) 공동체의 보호

   (D) 형법에 규정된 규범력의 강화

   (E) 법집행과 관련한 권한 없는 사적 행위의 예방

   (F) 형사사법 시스템에 대한 신뢰성의 유지

   (G) 그 밖의 적법한 공공의 이익

 (이하 생략)

## 2. 검찰의 인지수사 과잉의 문제

이와 같이 검사는 객관성과 공정성 유지를 위해서 초동단계부터 직접 수사개시를 하면서 사실관계를 수사하는 행위는 가능한 한 자제하고, 그러한 구체적 수사활동은 사법경찰관 또는 다른 기관이 이를 행하도록 하고 그 수사가 적정하게 행해지는지, 공소권 행사를 위한 증거가 제대로 확보되고 있는지를 지도, 감독하는 역할을 위주로 해야 한다.

그런데 우리나라에서는 검찰이 스스로 수사를 개시하여 직접 수사활동을 하는 소위 인지수사를 너무 광범위하게 하고 있고 특별수사부 등 인지부서를 너무 많이 두고 있다. 이에 따른 검사의 인지수사는 주로 부패범죄나 재벌 등 거대기업, 사회 고위층 등을 대상으로 하다 보니 대부분 권력형 사건이고, 이러한 권력형 인지수사의 과잉으로 검찰이 거대권력으로 등장하게 되었다.

이와 같은 인지수사 과잉에 따라 인지수사를 행하는 검사들 중 일부가 현장성 수사활동자들이 가지기 쉬운 편견과 편향성에서 벗어나지 못하여 객관성과 공정성을 잃은 수사를 하고 이에 따른 공소권 행사를 하여 법원에서 무죄판결을 받는 사례가 빈발하여 이에 따라 **검사의 객관성과 공정성이라는 기본 가치에 대한 신뢰가 무너지게 된 것이 문제의 핵심이었다.**

## 3. 검찰의 권력 비대화 문제의 해결방법

이와 같은 검찰의 권력 비대화 현상으로 검찰개혁 논의가 촉발되었고 이러한 문제를 해결하기 위한 적절한 방법은 검찰의 특별수사 등 인지수사를 축소하고, 경찰의 1차 수사에 대한 지도, 감독과 공소제기 여부의 객관적 판단 및 공소유지라는 본연의 기능을 수행하도록 제도적 장치를 마련하는 것이었다.

그런데 개정법은 오히려 검사의 경찰에 대한 수사지휘권을 폐지하고 경찰 수사의 적정성 감독이라는 검사의 본연의 기능을 크게 훼손하여 해법에 있어 엉뚱한 방안을 내놓았으며 심지어 개정 검찰청법에서 검사의 수사개시권을 제한하는 문구를 도입하는 발상으로 검사의 공소관으로서의 기능수행마저도 장애를 초래할 우려상황을 만들어 놓았다.

검찰의 인지수사활동의 축소는 검찰의 인지수사부서와 인력을 축소하고 인지수사부서의 인지활동의 범위를 제한하는 것으로 해결하여야 한다. 이와 같은 해결방법이 독일, 일본, 미국 등에서 마련하고 있는 보편적인 해결방법이다.

그러므로 검찰에 있는 특별수사부 등 인지부서를 대폭 축소하고 그 인력도 대폭 축소하여야 한다. 현재 검찰의 사무기구에 대하여는 대통령령으로 정하도록 하고 있어 대통령령으로 특별수사부 등을 둘 곳을 정하고 있으나, 대통령령은 언제든지 정부 내에서 다시 수정할 수 있으므로 특별수사부 등 인지부서를 설치할 수 있는 검찰청을 아예 검찰청법에 규정하는 것도 좋은 방법이라 생각된다.

예를 들어 검찰청법 제24조 제1항은 지방검찰청과 지청에 사무를 분장하기 위하여 부를 둘 수 있다고 규정하고 있는데, 이 규정에 단서로서 '다만, 특별수사부는 ○○, ○○, ○○에 설치한다'는 형식으로 규정하는 것이다.

## 4. 인지부서의 수사개시 제한을 전체 검사로 확대한 오류

이와 같이 검찰의 인지부서의 거대화로 인한 권력비대의 문제는 인지부서를 축소하고 인지수사를 자제하게 하는 등으로 해결해야 하는데 개정 검찰청법은 이와 같은 인지부서의 문제 해결을 위한 제한을 형사부 등 전체 검사에게 확대하여 적용하는 문구를 추가하여 전체 검사의 본연의 임무마저 장애를 가져올 수 있다는 오류가 있다.

## V. 개정 검찰청법 제4조 제1항 제1호 단서의 합리적 해석: 훈시규정

### 1. 효력규정으로 해석할 때의 문제점

위와 같이 검사의 수사개시 범위를 대통령령으로 정하도록 한 개정 검찰청법 제4조 제1항 제1호 단서의 규정이 검사의 수사개시권을 제한하는 효력을 가지는 효력규정으로 해석하면 헌법이 검사를 영장청구권자로 규정하면서 수사권자로 규정한 취지에 반하고, 헌법 제12조 제1항에서 규정한 형사절차 법정주의에 반하여 위헌이므로 효력을 가질 수 없다.

나아가 권한부여 규범인 형사소송법에서 검사의 수사권을 제한하지 않고 있음에도 조직규범인 검찰청법에서 이를 제한할 수 없으며 검찰청법을 형사소송법의 특별법률이라고 하기도 어렵다. 검찰청법상 문구로 형사소송법 규정을 제한하고자 하였다면 두 법률 간의 관계를 명확히 규정하였어야 하는데 개정법은 이러한 관계에 대해 어떠한 규정도 없다.

또한 검찰청법 제4조 제1항 제6호는 '다른 법령에 따라 그 권한에 속하는 사항'을 검사의 직무로 하고 있으므로 제1호 단서 문구에도 불구하고 제6호에 따라 다른 법령인 형사소송법에 따른 검사의 수사권이 제한 없이 검사의 직무가 된다. 그러므로 제1호의 단서로 검사의 수사개시권이 제한되는 효력을 부여할 수 없다.

나아가 이와 같은 법체계상의 충돌문제와 별개로 이를 효력규정으로 해석하면 형사사법절차에서 검사의 기능수행상 불필요한 장애를 초래할 수 있어 합리성도 없다.

## 2. 검찰 내부의 업무수행방식으로 법무부령 등으로 정했어야 할 내용

이와 같이 검사의 수사개시 범위를 제한하려는 취지는 검찰 내부의 업무수행방식으로 내부적 효력만을 가지는 것으로서 법무부령 등으로 정했어야 할 내용이었다.

앞에서 본 바와 같이 독일에서도 대국민적 효력을 가지는 법률이 아니라 형사절차 및 과태료절차에 관한 규칙에서 검찰의 업무방식을 정하는 내부적 효력을 가지는 규정으로 두고 있다.

일본은 법률로 규정하면서도 '필요하다고 인정하는 때'라는 정도의 문구를 두어 검사의 재량판단을 부여하고 있다. 앞에서 본 미국 변호사협회의 검사의 수사에 대한 기준(Criminal Justice Standards for Prosecutorial Investigation) 제2장(Part 2)의 2.1조의 수사개시 또는 계속진행의 결정(The decision to initiate or continue an investigation)에서도 검사는 수사대상을 선택함에 있어 넓은(wide) 재량을 가져야 한다고 규정하고 있다.

## 3. 훈시규정으로 해석해야 합리적

이와 같은 법률체계상의 문제와 검사의 기능수행과 관련하여 불합리한 결과를 초래하지 않으면서도 개정 검찰청법이 이 문구를 도입하면서 검찰의 인지수사 과잉 문제를 해결하고자 하였던 입법자의 의도를 합리적으로 반영하려면 이 문구를 검사의 수사개시와 관련한 내부적 업무수행방식을 정한 훈시규정으로 해석하면 될 것이다.

조직규범인 검찰청법에서 검사의 내부적 업무수행방식을 규정한 훈시규정으로 해석하면 이 단서문구는, 검사가 범죄수사의 직무를 수행함에 있어서 스스로 수사를 개시하는 인지수사는 사회적으로 중요하고 법률적 또는 사실적으로 복잡하여 검사의 인지수사가 필요하다고 할 수 있는 경우에 행하는 것으로 하되 **특별한 사정이 없는 한 원칙적으로 단서에 규정한 범죄영역에 대해서 인지수사를 행하도록 한다**는 의미로 해석하면 될 것이다.

이와 같이 해석하면, 헌법상 검사의 영장청구권에 의해 부여된 검사의 수사권, 헌법 제12조 제1항에 의한 형사절차법정주의와 충돌하지 않는다. 또한 수사권에 관한 권한규범의 기본법인 형사소송법과의 충돌도 없으며, 검찰청법 제4조 제1항 자체에서도 제1호 단서와 제6호의 충돌도 없다. 또한 검사의 기능수행에 있어 불필요한 혼란과 장애의 우려도 불식할 수 있다.

## 4. 대통령령 제정시 반영 필요

앞에서 본 바와 같이 검찰청법 제4조 제1항 제1호의 단서 규정을 검사의 수사권 제한의 효력규정으로 해석하면 위헌이고, 권한규범인 형사소송법과도 충돌되는 문제가 있으며, 검찰청법 제4조 제1항 제6호와의 관계상 제한의 효력은 가질 수도 없다.

특히 검사의 수사개시권의 범위를 대통령령으로 규정하도록 한 것은 헌법 제12조 제1항의 형사절차 법률주의에 명백히 반한다. 검사의 수사권을 법률로 정하지 않고 대통령의 생각에 따라 그때그때 바꿀 수 있다는 발상은 형사절차 법률주의 및 법률과 대통령령의 관계에 비추어 있을 수 없는 일이다.

그러나 이를 검사의 내부적 업무수행 방식의 원칙을 규정한 훈시규정으로 해석하면 대통령령으로 이와 같은 내부적 업무수행방식을 구체화하는 것은 가능하므로 법체계적으로도 문제가 없다.

따라서 개정 검찰청법 시행 전 위 단서 규정에 의한 대통령령을 준비하면서 이와 같이 훈시규정이라는 취지를 명확히 하여 혼란을 피할 필요가 있다. 즉, **특수부 등 인지부서의 인지수사는 원칙적으로 단서에 규정한 범죄영역에 대해서 인지수사를 행하도록 하고, 다**

른 영역에서는 사건의 중요성, 복잡성 등 그 성질에 비추어 필요한
때에 인지수사를 하도록 한다는 업무수행방식으로 명확히 할 필요가
있다.

# 제 4 장

# 검사와 '경찰 내 사법경찰관'의 관계 변화

## Ⅰ. 검사의 경찰 내 사법경찰관에 대한 포괄적 수사지휘체제 폐지

### 1. 현행법 규정: 포괄적 지휘관계

개정 전 형사소송법 제196조 제1항은 "수사관, 경무관, 총경, 경정, 경감, 경위는 사법경찰관으로서 모든 수사에 관하여 검사의 지휘를 받는다."라고 하여 검사와 사법경찰관의 관계를 포괄적인 지휘관계로 규정하고 있다. 이에 따라 사법경찰관은 일상적으로는 자율적으로 수사하나 검사는 필요한 때에는 사법경찰관의 수사에 관여하여 필요한 지휘를 할 수 있다.

### 2. 개정 형사소송법: 포괄적 지휘관계 폐지, 협력관계로 변경

개정 형사소송법은 먼저, 제195조 제1항에 "검사와 사법경찰관은 수사, 공소제기 및 공소유지에 관하여 서로 협력하여야 한다."라고 하여 검사와 사법경찰관의 관계를 협력관계로 규정하고 있다.

이와 함께 개정 전 형사소송법상 지휘관계를 규정하고 있는 제196조 제1항 대신에 제197조 제1항에 "경무관, 총경, 경정, 경감, 경

위는 사법경찰관으로서 범죄의 혐의가 있다고 사료하는 때에는 범
인, 범죄사실과 증거를 수사한다."라고 규정하여 사법경찰관 중 경
찰 내의 사법경찰관의 수사권을 독자적인 본원적 수사권으로 규정
하고 검사의 지휘관계를 규정하였던 개정 전 형사소송법 제196조
제1항은 폐지하였다.

　　이로써 검사의 경찰(경찰청 및 해양경찰청을 포함한다) 내 사법경
찰관에 대한 포괄적 수사지휘관계를 폐지하고 검사와 경찰 내 사법
경찰관의 관계를 협력관계로 변경하였다.

　　한편, 개정 형사소송법은 검찰청 내의 사법경찰관과 특별사법경
찰관에 대해서는 수사지휘관계를 유지하고 있으므로(개정법 제245조
의9 제4항, 제245조의10 제6항) 수사지휘관계를 폐지하는 변경이 이루
어지는 것은 경찰에 대한 것뿐이다.

　　특별사법경찰관은 중앙정부와 지방자치단체 등에서 사법경찰관
의 직무를 수행하는 사람들인데, 이들에 대해서는 포괄적 지휘관계
를 그대로 두면서 유독 경찰 내 사법경찰관에 대해서만 포괄적 지휘
관계를 폐지하여 수사에 대한 지휘체계가 이원화되었다. 왜 경찰 내
사법경찰관에 대해서만 별도 취급을 하는지 그 근거를 알 수 없다.

## Ⅱ. 포괄적 지휘관계에서 개별적 지휘관계로 변경

### 1. 개별적 지휘관계 규정의 도입

#### (1) 조문의 체제

　　한편, 개정 형사소송법은 검사와 경찰 내 사법경찰관의 관계를
협력관계로 규정하면서도 검사가 경찰 내 사법경찰관에 대해 지휘
권을 행사하는 개별적 조문들을 규정함으로써 법률이 정한 개별적
인 범위에 있어서는 지휘관계로 규정하였다.

## (2) 실질적 지휘관계

개정 형사소송법은 검사와 경찰 내 사법경찰관을 협력관계로 규정하면서 종래의 포괄적 지휘관계를 변경하는 취지상 '지휘'라는 용어를 가능한 사용하지 않는 태도를 취하면서 실질적으로 지휘관계가 필요한 경우는 요구 또는 요청이라는 용어와 이에 따라야 한다는 용어를 사용하였다.

그러나 지휘관계란 어떤 기관이 다른 기관에게 일정한 사항을 요구(요청)하였을 때 다른 기관이 법적으로 그 요구(요청)에 따라야 하는 관계를 말한다. 따라서 지휘라는 용어를 사용하지 않았다고 하여도 검사가 사법경찰관에게 어떤 사항을 요구(요청)하였을 때 사법경찰관이 이에 따라야 하는 경우는 지휘관계인 것이다.

따라서 개별 조문에서 검사가 경찰 내 사법경찰관에게 일정한 사항을 요구, 요청하고 경찰 내 사법경찰관이 이에 따라야 할 법적 의무가 규정되어 있다면 그 영역에서는 지휘관계를 설정한 것이다.

## (3) 개별적 지휘관계 도입의 취지

### 1) 강제수사의 영장청구권 문제

먼저, 현행 헌법이 검사에게 영장청구권을 부여하고 있기 때문에 강제수사에 관한 한 검사의 경찰 내 사법경찰관에 대한 지휘관계는 입법적으로 변경할 수 없다.

수사의 진행 단계를 임의수사 단계와 강제수사 단계로 나눈다고 할 때 현행 헌법상 사법경찰관이 강제수사 단계로 진행하려면 검사의 지휘를 받을 수밖에 없다. 그러므로 애초에 현행 헌법하에서 검사의 사법경찰관에 대한 지휘관계를 폐지하는 것 자체가 불가능하고 비합리적인 것이었다.

2) 경찰 수사에 대한 통제 장치의 필요성

한편, 검사의 경찰 수사에 대한 수사지휘권은 프랑스 혁명기를 거치면서 당시에 프랑스나 독일의 왕정국가에서 경찰권력이 비대화되어 있던 경찰국가 시대를 극복하고 형사사법에 있어 법치주의를 확립하기 위하여 새로 검사제도를 도입하면서 검사에게 초동수사 단계부터 법치주의적 이념하에 경찰 수사를 통제하는 권한을 부여한 데서 유래한다.

이와 같이 검사의 수사지휘권이 수사절차에서 법치주의 이념을 실현하는 중요한 수단이라는 것은 대륙법계 형사소송에서는 당연한 것으로 인정되는 교과서적인 이론이다.

그럼에도 불구하고 2020. 1.의 검찰개혁 관련 법 개정에 있어서 형사소송법 개정을 주도한 문재인 정부와 더불어민주당은 검찰개혁이라는 명분으로 검찰의 힘빼기 차원에서 이와 같은 법치주의 보장을 위한 중요한 장치를 없앴고 형사소송의 발전방향에 역행하여 다시 경찰국가로의 길을 열게 되었다.

하지만 이와 같은 경찰비대화에 대한 우려가 수사지휘관계 폐지론과 병행하여 제기되었고 이에 따라 수사지휘관계를 폐지하는 대신에 검사가 경찰을 통제하는 장치를 개별 조문으로 도입하여 남기기로 한 것이다. 이로써 포괄적 지휘관계는 폐지하였으나 개별적인 사항에서의 지휘관계는 유지되었고 그 관계설정에 있어 혼란스러운 상황이 되었다.

## 2. 검사와 경찰 내 사법경찰관의 관계의 혼란성

### (1) 지휘관계의 이원화

### 1) 수사와 관련된 개정 전 형사소송법의 체계

개정 전 형사소송법의 체계는 수사와 관련하여 국회에 대해 책임을 지는 법무부장관을 최고책임자로 하여, 법무부장관 → 검사 →

사법경찰관의 지휘체계로 구성되어 있었다.

2) 개정 형사소송법의 체계

이에 대하여 개정 형사소송법에서는 검사의 경찰 내 사법경찰 관에 관한 포괄적 지휘관계가 폐지되었기 때문에 경찰 수사의 지휘 관계가 변경되었다.

즉, 검사 및 검찰수사관, 특별사법경찰관 등의 수사에 대해서는 법무부장관 → 검사 → 검찰수사관, 특별사법경찰관의 지휘체계로 이어지는 반면 경찰수사에 대하여는 법무부장관에 이어지는 지휘체 계가 단절되었고 경찰 수사에 대하여는 검사의 지휘체계와는 다른 경찰 내부의 지휘체계가 적용되게 되었다.

그런데 문제는 경찰 내부에서 경찰서장까지는 형사소송법상 사법 경찰관으로서 수사권자인 반면, 경찰서장의 상급관청인 지방경찰청장 이나 경찰청장이 수사권자가 아니기 때문에 지휘체계가 단절되어 있 을 뿐만 아니라 경찰청장에 대한 지휘권자인 행정안전부장관이 정부 조직법상 수사에 대한 책임자가 아니기 때문에 이 부분에도 지휘체계 의 단절이 있다.

이에 대해 개정 형사소송법 시행 이전에 지휘체계상의 결함을 보 완하는 입법이 행해져야 한다.

(2) 대등관계인가, 지휘관계인가
1) 관계의 모호성

개정 형사소송법상 검사와 경찰 내 사법경찰관의 관계는 제195 조에 협력관계라고 선언은 하였으나 단순히 대등관계라고 할 수는 없다. 왜냐하면 개별조문에서 검사의 경찰 내 사법경찰관에 대한 지 휘관계가 있는 영역을 남겨놓았기 때문이다.

그러나 그렇다고 하여 지휘관계라고 하기도 어렵다. 어떤 기관과 다른 기관을 지휘관계라고 하려면 이는 포괄적 지휘관계를 말하는데 개정 형사소송법은 포괄적 지휘관계는 폐지하였기 때문이다. 개정 형사소송법상 규정된 개별적 지휘관계는 조문이 있는 개별사항에 있어서는 지휘관계이지만 그 외의 나머지 영역에서는 지휘관계가 아니다.

그러므로 개정 형사소송법상 검사와 사법경찰관의 관계는 대등관계라고 할 수도 없고, 그렇다고 지휘관계라고도 할 수 없는 애매모호한 관계이다. 굳이 표현하자면 '일반적 대등, 개별적 지휘관계'라고 할 수 있겠다.

## 2) 관계의 모호성은 입법의 오류

수사권은 국가권력 중 가장 강력한 권력인 형벌권 행사와 관련된 권한이므로 이를 담당하는 기관들은 매우 중요한 권력기관들이다. 이러한 권력기관들은 그 권력으로 인해 충돌할 가능성이 있어 그 관계를 어떻게 설정할 것인가는 국가형벌권 행사에 있어 매우 중요하고 따라서 그 관계는 명확하여야 한다. 애매모호하게 설정하면 권력기관들이 충돌할 가능성이 크기 때문이다.

먼저, 검사와 사법경찰관의 관계를 대등관계로 설정하려면 검사와 사법경찰관이 수사와 관련하여 규범적으로 충돌할 수 있는 접점을 만들지 말아야 한다.

예를 들어 일본 형사소송법은 '사건 송치'라는 시점을 기준으로 송치 전 대등관계, 송치 후 지휘관계로 구성하였다. 그러므로 경찰이 수사하여 사건을 송치할 때까지 검사와 사법경찰관이 규범적으로 충돌하는 접점이 없다. 경찰은 체포장과 압수수색영장을 직접 법원에 청구할 수 있으므로 강제수사에 있어서도 독자적이다. 실무상 경찰이 수사하여 송치한 사건을 검사가 불기소처분을 하는 경우에 경찰 수사가 잘못되었다는 평가가 내려지므로 중요한 사건이나 복잡한 사건에서 경찰이 사전에 검사에게 문의하고 협의하는 경우가 많다고 하나 규범적인 관계는 아니다.

그런데 개정 형사소송법은 검사의 포괄적 지휘관계를 폐지하였으면서도 사건 송치 이전에 검사와 사법경찰관이 규범적으로 충돌하는 접점을 남겨 두었다. 이렇게 되면 그 충돌지점에서 두 기관의 의사충돌이 있을 때 해결방법을 마련해야 하는데 그 해결방법은 어느 한 기관의 의사에 우월한 효력을 부여하여 다른 기관이 그 기관의 의사결정에 따르도록 할 수밖에 없다. 이것이 지휘관계이고 개정 형사소송법이 규정한 개별적 지휘조항들이다.

그러나 이러한 개별적 지휘조항들은 이와 같은 관계의 모호성 때문에 상시적으로 갈등의 소지가 있다. 경찰에서 대등관계를 강조하면서 규범의 지휘관계를 무시할 가능성이 있고 이로 인해 검찰과 경찰의 갈등 상황이 수시로 발생할 것이다.

독일에서 검찰제도가 도입될 초기에 '검사가 수사와 관련하여 경찰에 의뢰나 요청을 하면 경찰이 이에 응할 의무'를 규정하였는데 이에 관하여 경찰에서 이는 법률상 이행할 의무가 부과된 것이 아니어서 이에 응하는지 여부는 경찰이 선의로 결정할 문제라고 주장하여 갈등 상황이 발생했다. 이러한 갈등 상황을 명확히 해결하기 위해서 독일제국 성립시에 독일제국법원조직법 제153조로 "경찰 및 질서유지업무에 종사하는 공무원들은 검사의 보조공무원이며 그러한 직무적 성격하에서는 관할지역의 지방법원에 대응하여 있는 검사들과 그 상관인 공무원들의 명령(Anordnung)에 따라야 할 의무가 있다."는 규정을 도입하여 검사와 사법경찰관의 관계가 명령(Anordnung)의 관계임을 명확히 하였다.

이러한 점에서 개정 형사소송법은 정부 내 기관들의 관계를 설정함에 있어 입법기술상으로 큰 오류를 범한 것이다. 갈등 상황을 겪어 보아야 관계설정이나 지휘체계 일원화가 얼마나 중요한지 알게 될 것이다.

## 3. 개별적 지휘 조항

### (1) 보완수사요구와 이행의무

개정 형사소송법은 검사의 보완수사요구라는 제목으로 제197조의2 제1항에 검사가 경찰 내 사법경찰관에게 보완수사를 요구할 수 있는 경우로 2가지 상황을 규정하고 있다.

즉, ① 송치사건의 공소제기 여부 결정 또는 공소의 유지에 관하여 필요한 경우(법 제197조의2 제1항 제1호), ② 사법경찰관이 신청한 영장의 청구 여부 결정에 관하여 필요한 경우(법 제197조의2 제2호)이다.

제1호는 시간적으로 송치 후의 보완수사요구이나 제2호는 강제수사와 관련된 것이므로 송치 전에 만나는 접점이다.

경찰 내 사법경찰관은 검사의 이러한 요구가 있는 때에는 정당한 이유가 없는 한 지체 없이 이를 이행하고, 그 결과를 검사에게 통보하여야 한다(법 제197조의2 제2항). 앞에서 설명한 바와 같이 용어는 '요구'라는 용어를 사용하고 있으나 경찰 내 사법경찰관이 이에 대해 '지체 없이 이행해야 할 의무'를 부담하므로 실질이 지휘이다. 즉, 송치사건 보완수사지휘와 영장 관련 지휘를 규정하고 있다.

이와 같은 검사의 보완수사요구에 대해 경찰 내 사법경찰관이 정당한 이유 없이 따르지 아니하는 때에는 검찰총장 또는 각급 검찰청 검사장은 권한 있는 사람에게 해당 사법경찰관의 직무배제 또는 징계를 요구할 수 있다(법 제197조의2 제3항).

### (2) 시정조치요구와 이행의무

한편 개정 형사소송법 제197조의3은 '시정조치요구 등'이라는 제목의 규정을 두어 검사가 경찰의 수사과정에 관여할 수 있는 상황을 제한적으로 열거하고 있다.

검사는 경찰 내 사법경찰관리의 수사과정에서 **법령위반, 인권침해 또는 현저한 수사권 남용**이 의심되는 사실의 신고가 있거나 그러한 사실을 인식하게 된 경우에는 사법경찰관에게 **사건기록 등본의 송부를 요구**할 수 있다(법 제197조의3 제1항).

즉, 검사는 먼저 경찰 내 사법경찰관에 사건기록 등본의 송부를 요구하고, 이 요구를 받은 사법경찰관은 지체 없이 검사에게 사건기록 등본을 송부하여야 한다(법 제197조의3 제2항). 사건기록 등본의 송부를 받은 검사는 필요하다고 인정되는 경우에는 경찰에 시정조치를 요구할 수 있다(법 제197조의3 제3항).

경찰 내 사법경찰관은 검사의 시정조치요구가 있는 때에는 정당한 이유가 없는 한 지체 없이 이를 이행하고, 그 결과를 검사에게 통보하여야 한다(법 제197조의3 제4항). 이와 같이 검사의 사건기록 등본 송부요구나 시정조치요구에 대해 사법경찰관은 법적으로 이행할 의무를 부담하므로 마찬가지로 이 요구는 실질이 지휘이다.

시정조치 이행 통보를 받은 검사는 제3항에 따른 시정조치요구가 정당한 이유 없이 이행되지 않았다고 인정되는 경우에는 경찰에 사건을 송치할 것을 요구할 수 있으며(법 제197조의3 제5항) 제5항의 송치요구를 받은 경찰 내 사법경찰관은 검사에게 사건을 송치하여야 한다(법 제197조의3 제6항). 마찬가지로 검사의 송치요구에 대해 사법경찰관은 이행할 의무를 부담하므로 실질이 지휘이다.

검찰총장 또는 각급 검찰청 검사장은 경찰 내 사법경찰관리의 수사과정에서 법령위반, 인권침해 또는 현저한 수사권 남용이 있었던 때에는 권한 있는 사람에게 해당 사법경찰관리의 징계를 요구할 수 있다(법 제197조의3 제7항).

앞에서 본 바와 같이 개정 형사소송법 제197조의3에 규정한 시정조치요구 등에 따를 의무는 경찰 내 사법경찰관의 법령상 의무이므로 이에 응하지 않는 경우는 동조 제1항 소정의 법령위반에 해당할 것이고 이에 대해 동조 제7항에 의한 징계요구가 가능할 것이다.

### (3) 불송치사건 재수사요청

개정법상 경찰 내 사법경찰관이 송치하지 않고 기록송부한 사건에 대해 검사가 재수사요청을 할 수 있고(법 제245조의8 제1항), 경찰 내 사법경찰관은 이 요청이 있는 때에는 재수사하여야 한다(법 제245조의8 제2항). 검사의 재수사요청에 경찰 내 사법경찰관이 따라야 할 의무를 부담하므로 실질이 지휘이다.

### (4) 그 외 개별 지휘조항

그 외에도 형사소송법은 검사의 지휘에 관한 개별조항들이 산재하는데 개정법은 이들 조문들을 그대로 유지하였다. 검사의 구속장소 감찰(법 제198조의2), 긴급체포시 검사의 승인(법 제200조의3), 영장집행 관련 집행지휘(법 제200조의6, 제209조, 제219조), 압수물 환부, 가환부 지휘(법 제218조의2 제4항), 압수물처분에 관한 지휘(법 제219조 단서), 변사체 검사지휘(법 제222조 제3항) 등이다.

## 4. 실무상 예상 변화

### (1) 개별조항을 제외한 송치 전 수사지휘의 폐지

개정 형사소송법에 의하면 경찰 내 사법경찰관이 수사를 개시하여 검사에게 사건을 송치할 때까지 검사의 수사지휘는 개별조항에서 인정되는 경우를 제외하고는 폐지되었다.

법 제197조의3에 의하면 경찰 내 사법경찰관의 법령위반, 인권침해 또는 현저한 수사권 남용 등이 있는 경우 사법경찰관의 수사과정에 개입할 수 있도록 하고 있지만 이러한 사항을 사건관계인이 신고하지 않는 한 검사가 스스로 이러한 상황을 인식하게 되어 관여하는 상황은 매우 드물 것이다. 또한 사건관계인이 이러한 상황을 신고하는 경우도 많지 않을 것으로 보이므로 이 조항에 의한 관여는 어려울 것으로 보인다.

따라서 검사의 포괄적 수사지휘 폐지로 인한 경찰 통제장치의 상실에 대한 우려로 검사가 경찰수사를 통제할 수 있는 장치로 도입한 법 제197조의3 시정조치 요구등이 통제장치로서 제대로 기능하도록 하기 위해서는 대통령령으로 규정되게 될 수사절차에 관한 수사기관 내부의 업무수행 규정에서 수사권이 남용되거나 인권침해 행위가 발생할 수 없도록 구체적이고 명확한 규정을 둘 필요가 있다.

특히, 검사가 송치 전에 경찰 내 사법경찰관의 수사에 개입할 여지가 없게 되어 경찰은 수사를 개시할 것인지 여부부터 송치할 때까지 기간에 제한 없이 수사를 할 수 있게 되었는데 장기수사 등으로 인한 인권침해의 폐해 방지를 위해서는 수사개시 후 약 3개월 정도의 송치기간을 규정하고 이를 초과하는 경우는 검사의 승인을 받도록 하여 장기수사의 폐해를 방지할 필요가 있다.

## (2) 검사가 스스로 행하는 수사에 대한 지휘의 폐지

### 1) 내 용

개정 전 형사소송법상 검사의 수사지휘는 ① 검사가 사법경찰관이 행하는 수사과정에 관여하여 지휘를 하는 것과 ② 검사 스스로 행하는 수사를 사법경찰관에 지휘하여 하도록 하는 수사지휘가 있었다.

그런데 개정 형사소송법에 의하면 송치 전에 개별 조항에 의한 경우를 제외하면 경찰의 수사과정에 대한 지휘뿐만 아니라 검사 스스로 행하는 수사에 대한 지휘도 폐지된다.

　　사법경찰관에 대한 송치 전 수사지휘를 폐지한 일본 형사소송법에서는 검사 스스로 행하는 수사에 대한 지휘는 할 수 있도록 하고 있는데 개정법은 이 부분도 폐지하고 있다. 이에 따라 검사는 스스로 행하는 수사는 경찰을 지휘하지 못하고 스스로 해결하여야 한다.

### 2) 검찰청에 접수되는 고소사건 수사의 해결 문제

　　검사가 스스로 행하는 수사는 인지수사와 검찰청에 직접 접수된 고소·고발사건에 대한 수사가 있는데, 인지수사의 건수가 적으므로 이를 검사 스스로 해결하는 것은 업무량에 문제가 없을 것인데 검찰청에 직접 접수된 고소·고발사건은 건수가 많아 이를 당장 검찰청에서 해결하는 데 업무부담이 예상된다. 개정 전에는 검찰청에 직접 접수된 고소·고발사건의 대다수를 경찰에 수사지휘하여 처리하였기 때문이다.

　　이와 관련하여 개정 형사소송법상으로도 검찰청 소속의 사법경찰관에 대해서는 종래의 지휘관계가 유지되고 있으므로 검찰청에 직접 접수된 고소·고발사건은 검찰청의 사법경찰관에 지휘하여 수사하도록 하는 방법이 타당할 것으로 보이고, 이를 위해 수사관 정원의 증원이 필요하다. 종전에도 검찰청의 사법경찰 조직인 수사과나 조사과에서 검찰청에 직접 접수된 고소·고발사건을 수사하여 왔으므로 수사과, 조사과에 배치할 수사관들을 증원하여 종래 경찰에 수사지휘하던 사건을 검찰청의 수사과, 조사과에서 수사하게 하면 될 것이다.

　　한편, 고소·고발에 의한 수사개시는 고소·고발에 의해 개시되는 것이고 검사가 스스로 개시하는 인지수사와 다르며 검찰청법 제4조 제1항 단서에 의해 제한하고자 하는 검사의 수사개시는 인지수사를 의미하므로 고소·고발에 의한 수사개시는 위 단서에서 제한하는 사항이 아니다. 나아가 앞에서 설명한 바와 같이 검찰청법 제4조 제1항 단서규정은 검사의 인지수사 범위에 관한 업무방식을 규정한 훈시규정이므로 검찰청에 직접 접수된 고소·고발사건의 수사는 이 단서와 관련이 없다.

### (3) 영장 관련 보완수사요구 문제

현행 헌법상 영장은 검사만이 청구할 수 있으므로 헌법을 개정하지 않는 한 경찰이 영장을 법원에 직접 청구하게 하는 법률을 만들 수는 없다. 즉, 송치 전 수사지휘를 폐지하여도 영장과 관련하여서는 검사와 경찰의 접촉면을 피할 수 없다.

이에 따라 개정 형사소송법은 검사가 경찰이 신청한 영장의 청구 여부 결정에 관하여 필요한 경우에 보완수사요구를 할 수 있도록 규정하고 있다(법 제197조의2 제1항 제2호). 이 보완수사요구가 무엇을 의미하는지는 명확하지 않으나 문구상으로는 **경찰이 신청한 영장의 청구 여부 결정을 위해 보완을 위한 수사요구만을 의미하는 것으로 보인다.**

이에 따라 검사와 경찰의 의견이 다른 경우는 분쟁과 다툼의 혼란이 예상된다. 예를 들어 경찰이 갑과 을을 공범으로 수사하고 갑에 대해 구속영장을 신청하였는데 검사가 보기에 갑을 구속할 것이 아니라 을을 구속해야 할 것으로 생각하는 경우를 보면, 개정 전에는 검사는 수사지휘로서 갑에 대해 불구속수사를 지휘하고, 을에 대해 구속영장을 신청할 것을 지휘할 수 있다.

그런데 개정법상으로는 보완수사의 요구만을 할 수 있으므로 검사가 갑에 대한 구속영장신청을 기각하는 이외에 을에 대해 구속영장을 신청하라는 요구는 할 수 없는 것으로 해석되고 경찰에서도 그렇게 주장할 가능성이 커 보인다. 왜냐하면 개정법의 문구는 사법경찰관이 신청한 영장의 청구 여부 결정에 관하여 필요한 보완수사 요구라고 하고 있고 검사가 요구하려 하는 을에 대해서는 사법경찰관이 영장을 신청하지 않았기 때문이다. 이렇게 되면 적어도 누구에 대해 영장을 신청할 것인가는 전적으로 사법경찰관의 권한이 되고, 검사가 이에 대해 개입할 수 없다.

개정법에서 검사가 이와 같은 상황을 해결하려면 갑에 대해 구속영장 신청을 기각하고 사건을 송치받은 후에 송치 후 수사과정에서 을에 대해 직접 구속영장을 청구하여 구속하는 방법을 생각할 수 있는데, 을이 도주하는 등으로 구속의 시기를 놓치는 경우가 있을 수 있어 공백이 있다.

다른 방법으로 을의 구속이 급박하게 필요하다고 생각하면 갑에 대해 사법경찰관의 구속영장신청을 기각하면서 직접 을에 대한 구속영장을 청구하여 구속한 후에 검사의 수사로 수사를 진행하는 방법을 생각할 수 있다. 앞에서 설명하였듯이 개정 검찰청법 제4조 제1항 단서의 수사개시 범위 제한은 훈시규정이므로 이와 같은 경우의 직접 수사개시가 제한되지 않는다.

실무상으로는 검사가 갑에 대한 구속영장을 기각하면서 을에 대한 구속영장신청을 지휘할 수는 없으나 실제로 구속해야 할 사람은 을이라는 사유를 기각사유에 기재하여 사법경찰관이 을에 대한 영장 신청을 검토하도록 하는 방법으로 운영하고, 이러한 조치에도 불구하고 사법경찰관이 을에 대한 영장을 신청하지 않는 경우는 어쩔 수 없이 앞에서 설명한 방법을 선택하면 될 것이다.

이러한 상황은 압수수색영장에 있어서도 마찬가지이다. 사법경찰관이 신청하지 않는 한 검사가 사건기록을 검토한 결과 다른 장소나 다른 물건에 대한 압수수색이 필요하다고 사료되는 경우에도 다른 장소에 대한 압수수색영장을 신청하라는 요구는 할 수 없는 것으로 보인다. 마찬가지로 압수수색영장의 보완수사요구를 하면서 다른 장소나 다른 물건에 대한 압수수색의 필요성에 대해 기재하여 사법경찰관이 이에 대한 압수수색영장을 신청하도록 하고, 신청하지 않는 경우에는 송치받아 시정하든가 급박한 경우에는 직접 압수수색영장 청구를 하면서 직접 수사로 시정하여야 할 것이다.

### (4) 사법경찰관 신청 영장청구 여부 심의 제도의 문제점

#### 1) 의의

개정법은 사법경찰관이 검사에 신청한 영장을 검사가 정당한 이유 없이 판사에게 청구하지 아니한 경우 사법경찰관이 그 검사 소속의 지방검찰청 소재지를 관할하는 고등검찰청에 영장의 청구 여부에 대한 심의를 신청할 수 있도록 하여(법 제221조의5 제1항) 사법경찰관 신청 영장청구 여부 심의제도를 신설하였다.

제1항에 관한 사항을 심의하기 위하여 각 고등검찰청에 영장심의위원회(이하 이 조에서 "심의위원회"라 한다)를 둔다(동조 제2항). 심의위원회는 위원장 1명을 포함한 10명 이내의 외부 위원으로 구성하고, 위원은 고등검찰청 검사장이 위촉한다(동조 제3항). 사법경찰관은 심의위원회에 출석하여 의견을 개진할 수 있다(동조 제4항). 심의위원회 구성 및 운영 등 그 밖에 필요한 사항은 법무부령으로 정한다(동조 제5항).

#### 2) 헌법상 검사의 영장청구권과의 관계 문제

헌법은 검사의 영장청구권을 규정하고 있다. 따라서 우리나라에서 검사의 영장청구권은 헌법상이 권한이며 법률로 이 권한을 제한할 수 없다. 따라서 검사의 **영장청구권** 행사에 대하여 이를 심의하는 심의위원회를 둔다고 하여도 그 심의위원회의 심의는 검사에게 참고적 효력만 있을 뿐 검사의 결정에 대한 기속력을 부여할 수는 없다. 심의위원회의 심의에 기속력을 인정한다면 심의위원회가 영장청구권을 행사하는 것이기 때문에 헌법에 반한다.

그런데 이와 같은 참고적 효력을 위한 심의위원회를 법제화하는 것이 무슨 실익이 있는지 의문이다.

### 3) 정부 의사의 일원화의 조직 원리상 문제점

권력 행사에 관한 정부의 의사결정은 내부적인 논의에 있어 이견을 보이더라도 최종적으로는 하나로 표시되어야 한다. 정부 의사가 일원화되어야 집행이 가능하고, 국민들도 정부의 의사가 무엇인지 예측가능하다.

같은 영역에 관여하는 정부기관이 둘 이상일 경우 정부 의사의 일원화는 최종적인 의사결정권을 행사하는 기관을 하나로 정하는 방법으로 실현된다.

형사소송법은 국민의 기본권에 중대한 침해를 수반하는 강제수사에 있어 정부의 영장청구 여부의 의사결정은 검사가 하도록 하고 있다. 정부의 의사결정권을 검사에게만 부여하는 것은 우리나라에서는 헌법적 수준의 규범이다. 이와 같이 영장에 대한 정부의 의사결정권을 검사에게 부여한 결과 사법경찰관은 검사에게 신청함으로써 검사를 통해서만 영장을 발부받을 수 있다.

검사와 사법경찰관은 모두 대한민국 정부의 수사권을 행사하는 기관들이다. 정부의 두 기관 사이에 강제수사의 필요성과 관련하여 이견이 있는 경우에 최종적인 정부의 의사결정을 정하기 위해 헌법과 형사소송법은 검사에게 그 의사결정권을 부여하고 있는 것이다.

그런데 개정법은 사법경찰관이 영장에 관한 검사의 결정에 대해 불복하여 외부위원으로 구성되는 심의위원회의 심의를 신청할 수 있도록 하였다. 이 제도는 검사도 사법경찰관도 정부의 기관이라는 점을 간과한 것으로서 정부 의사의 일원화라는 조직체계의 원리상 큰 문제점을 가지고 있으며, 입법상 오류라고 할 수 있다.

즉, 영장의 청구라는 정부의 의사결정을 두고 정부의 기관인 검사와 사법경찰관이 서로 다투는데, 정부가 두 기관의 이견 중에 어느 의사로 결정할 것인지를 정부 스스로 해결하지 못하여 정부기관이 아닌 제3자로서 외부인들에게 심사해달라고 가져가는 것이다.

이로써 대한민국 정부는 영장청구 여부에 관한 정부 소속의 기관들의 이견을 정부 스스로 해결하지 못하는 정부가 되었다. 이런 식의 제도를 만들어서는 안 된다.

4) 검사와 사법경찰관의 관계는 검사와 법원의 관계와 질적으로 다르다

이 제도를 구상한 사람들은 아마도 형사소송법상 검사가 법원에 대하여 여러 가지 소송행위를 하고 이에 대한 법원의 결정에 대해 상소나 항고 등으로 불복하는 제도를 두고 이와 유사하게 '사법경찰관도 검사의 결정에 불복할 수 있지 않는가'라는 구상을 한 것으로 보인다.

그러나 검사와 법원의 관계는 헌법상 삼권분립에 의한 행정부와 사법부의 관계로서 행정부의 소송행위에 대한 사법부의 결정에 대해 상소 등 방법으로 불복하는 것이다. 이는 삼권분립에 있어 견제와 균형의 원리에 따른 것이다.

그런데 검사와 사법경찰관의 관계는 같은 정부 내 기관의 관계이다. 정부 내 기관들이 의사가 다른 경우에는 정부 내부에서 이를 해결해야 정부라 할 수 있을 것이고, 이를 정부 내에서 해결하지 못하고 정부 외 제3의 기관에 물어보는 것은 부적절하다.

물론 정부가 국가 전체에 중대한 영향을 주는 중대한 정책결정을 위해 외부전문가들의 의견을 수렴하는 경우는 있을 수 있다. 그러나 그 경우도 정부의 의사결정기관이 그 의사결정의 적정성을 위해 외부인의 의견을 수렴하는 것이지 정부 내 기관들의 의사가 충

돌할 때 그 충돌을 해결하지 못하고 외부인에게 물어보는 것은 옳
지 않다.

### 5) 국민을 위한 제도인가, 누구를 위한 제도인가?

이 제도는 검사가 강제수사에 관한 사법경찰관의 신청이 부적
절하다고 판단하여 영장신청을 기각하는 경우에 사법경찰관이 이에
불복하는 제도이다. 강제수사의 대상인 국민의 입장에서 보면 검사
가 국민에 대한 기본권 침해가 불필요하다고 판단한 것이다. 국민의
입장에서 보면 기본권을 침해당하지 않는 처분이므로 이에 불복할
이유가 없다.

그런데 국민과 상관없이 사법경찰관이 국민의 기본권 침해에 대
한 자신의 의사를 관철시키기 위해 검사의 결정에 불복하는 것이다.
그것도 같은 정부 내에서 의사충돌을 일으키는 것이다.

현재, 검사의 영장청구에 대해 법원이 이를 기각하는 영장재판
에 대해서 판례는 검사의 불복을 허용하지 않고 있다. 이에는 국민
의 기본권 침해에 대한 불안정성을 조기에 안정시키려는 취지가 있
다. 그런데 개정법은 영장을 청구하지 않겠다는 검사의 결정에 대해
같은 정부 내에서 사법경찰관이 불복하는 제도를 도입하였다. 누구
를 위한 제도인지 의문이다.

이 제도는 경찰이 검사를 수사하고자 하는 경우에 검사가 영장
을 기각하여 수사진행을 방해받는다는 식의 여론몰이로 도입되었다.
그러나 검사에 대한 수사의 엄정성은 고위공직자범죄수사처나 특별
검사와 같이 검사에 대한 엄정한 수사를 할 수 있는 기관을 통해
해결하여야 하는 것이지, 경찰을 위해 이런 제도를 도입하여 해결하
려 해서는 안 된다. 이 규정은 일반사건 모두에 해당되는 규정이다.
어떤 식으로 사용될지 아무도 예측할 수 없다.

### 6) 정부 내부 이견을 외부로 공식화한 책임의 문제

정부의 의사결정의 신뢰성을 위해서는 내부의 의사결정과정상 이견이 외부로 공식적으로 표시되어서는 안 된다. 그렇게 되면 정부의 의사에 대해 논쟁과 분란이 발생하여 혼란을 초래할 수 있다.

영장에 관한 정부의 의사결정에 있어 사법경찰관이 신청한 영장에 대해 검사가 그 신청을 기각하여 정부의 의사결정이 되면 그 의사결정으로 정부의 의사가 표시되어야 하고 내부적 의사소통과정상 이견은 정부 내부의 문제로 남겨야 하며, 외부로 표출되어서는 안 된다. 이 제도는 정부의 기관인 검사와 사법경찰관 사이의 이견이 외부로 공식적으로 표출되는 것으로, 정부 의사결정에 대한 신뢰 저하와 혼란을 초래할 수 있다.

사법경찰관이 이와 같이 정부 내부의 의사결정기관인 검사의 의사결정에 공식적인 이견을 제기하여 외부인들이 심의한 결과 검사의 결정이 정당하다고 판단되는 경우에 이와 같은 정부 내부 의사결정상의 혼란을 초래한 책임을 져야 할 것이다.

### 7) 향후의 방향

이 제도는 정부 내부의 기관 간 이견에 대한 정부의 의사결정을 정부 스스로 하지 못하고 제3의 기관의 심의를 구하는 제도로서 정부의사의 일원화라는 조직원리에도 반할 뿐만 아니라 정부의 기능 자체를 부정하는 것이므로 하루 속히 폐지되어야 할 것이다.

### (5) 중요 수사영역에서의 소추관인 검사와 수사활동자 사이의 의사소통 단절 문제

### 1) 개정 전 중요수사 영역에서의 실무

개정 전 검사의 사법경찰관에 대한 수사지휘는 포괄적 수사지휘관계로서 수사의 상황에 따라 검사가 필요한 때에는 언제든지 사

법경찰관에게 지휘할 수 있다. 하지만 실무상 일상적인 수사는 현재
에도 송치시까지 사법경찰관이 자율적으로 행하고 있으며 중요한
사건에 있어서만 송치 전에 검사가 관여하고 있다.

특히, 검사의 사법경찰관리에 대한 수사지휘 및 사법경찰관리의
수사준칙에 관한 규정 제74조에는 중요사건을 열거하면서[1] 소추를
담당하는 검사가 송치 전에 미리 사건의 내용에 대해 알고 필요한
때에는 지휘를 할 수 있도록 수사개시의 보고를 하도록 하고 있다.
이와 같은 중요 범죄에 있어서는 사건의 복잡성이나 법리적 문제 나
아가 국가, 사회적인 중요성 등으로 소추관의 향후 판단이 매우 중
요하고 향후의 재판을 위해서도 증거의 수집절차에서 소추관이 미리
관여할 필요성이 크다.

그런데 개정법에 의하면 앞에서 설명한 바와 같이 송치 전 수
사지휘는 개별조항에 있는 경우를 제외하고 모두 폐지되므로 위 수
사준칙 자체도 폐지될 것으로 보인다.

그러나 이와 같이 소추관과 수사활동을 하는 기관과의 의사소
통을 단절하는 것은 검사의 소추활동뿐만 아니라 수사활동을 하는
경찰의 관점에서도 매우 부적절하다. 소추관인 검사와 단절된 상태
에서 수사를 한 결과에 대해 검사가 사후에 송치받아 오류 등을 시
정하기 어려운 경우가 많고, 또한 수사가 잘못되어 검사가 불기소의
결정을 하는 경우는 사법경찰관의 입장에서도 중요한 수사를 잘못
한 책임을 지게 될 것일 뿐만 아니라 정부의 수사권 행사가 잘못된

---

[1] 1. 내란의 죄, 2. 외환(外患)의 죄, 3. 국기(國旗)에 관한 죄, 4. 국교(國交)에 관한
죄, 5. 공안을 해하는 죄. 다만, 공무원자격의 사칭죄는 제외한다. 6. 폭발물에 관
한 죄, 7. 살인의 죄, 8. 13세 미만 아동 또는 장애인에 대한 성폭력범죄, 9.「국가
보안법」을 위반한 범죄, 10. 각종 선거법을 위반한 범죄, 11. 공무원에 관한 죄(국
회의원 및 지방의회의원, 4급 또는 4급 상당 이상 공무원의 범죄 및 기관장인 5급
또는 5급 상당 이하 공무원의 직무와 관련된 범죄에 한한다), 12. 피해 규모, 광역
성, 연쇄성, 수법 등에 비추어 사회의 이목을 끌만한 범죄, 13. 검찰총장 승인을
얻어 지방검찰청 검사장 또는 지청장이 지정한 범죄

것으로 될 것이기 때문이다.

　따라서 중요하고 복잡한 사건의 수사에 있어 송치 전에도 검사와 사법경찰관의 사건에 대한 정보교류나 의사소통을 어떻게 확보할 것인지가 중요한 문제이고 대통령령에서 이를 적절히 규정하여야 할 것이다.

　2) 공안 범죄의 문제

　한편, 검사의 사법경찰관리에 대한 수사지휘 및 사법경찰관리의 수사준칙에 관한 규정 제76조는 공안사건에 있어서는 사법경찰관이 입건 여부에 대해 지휘를 받도록 하여 수사개시부터 지휘를 하고 있다. 즉, 사법경찰관은 대공(對共)·선거(정당 관련 범죄를 포함한다)·노동·집단행동·출입국·테러 및 이에 준하는 공안 관련 범죄에 대하여 수사를 개시한 때에는 검사에게 지휘를 건의하고 입건 여부에 대한 검사의 의견에 따라야 한다.

　공안사건은 국가, 사회적으로 그 영향력이 매우 큰 사건인 반면에 이러한 사건들은 법리적으로 매우 복잡하고 공소유지도 어려운 경우가 많다. 특히 선거 관련 사건은 정치적인 사건으로서 정치에 미치는 영향이 매우 크고 법적으로도 해석상 어려운 법리가 많다. 나아가 선거기간 중에는 입건 여부 자체가 선거의 결과에 미치는 영향도 커서 입건 자체도 매우 신중하게 할 필요가 있는 것이다.

　그런데 개정법에 의하면 이와 같은 공안사건에 있어서도 경찰 내 사법경찰관은 검사의 지휘 없이 독자적으로 입건을 결정하며 나아가 송치 전까지는 아무런 관여를 받지 않고 독자적인 판단으로 수사를 행할 수 있다. 특히 경찰이 선거사건에서의 입건 여부를 독자적으로 결정하고 수사과정에서 아무런 통제를 받지 않는 것은 정치적으로도 경찰을 거대권력으로 등장하게 할 것이다. 또한 선거사건은 공소시효가 6개월로 단기이므로 수사기간 및 송치기간을 제한하여 검사가 송치받아 판단할 수 있는 기간을 부여할 필요가 있다. 따라서 이 부분도 대통령령을 규정함에 있어 적절한 방안을 마련해야 할 것이다.

### (6) 송치 후 보완수사요구와 관련하여 예상되는 혼란
#### 1) 조문 문구의 문제

개정법은 경찰 내 사법경찰관이 사건을 송치하기 전 뿐만 아니라, 송치 후에도 검사의 수사지휘를 폐지하였다. 다만, 사건의 송치후에는 검사는 송치사건의 공소제기 여부 결정 또는 공소의 유지에 관하여 필요한 경우 보완수사를 요구할 수 있다고 하고 있다. 그런데 이와 같은 문구의 구성은 입법정책적으로 매우 조악하고 문제가 있는 문구이다.

이는 송치 후에도 검사가 경찰 내 사법경찰관에게 관여할 수있는 범위를 '공소제기 여부 결정 또는 공소의 유지에 관하여 필요한 경우 보완수사'로 제한하는 문구를 사용하고 있다. 그러나 이러한 제한 때문에 검사는 필요한 경우에 상황에 맞게 탄력적인 대응을 하기 어렵다.

현행법과 같이 포괄적 지휘관계에서는 검사가 필요한 사항을 상황에 맞게 탄력적으로 지휘할 수 있으나 지휘관계가 폐지됨으로써 검사와 사법경찰관의 관계가 개별적 지휘조항이 없는 경우는 대등관계로 변경되었으므로 검사가 관여할 수 있는 경우를 제한적으로 열거하게 되면, 그 열거규정은 매우 제한적으로 해석될 수밖에 없고, 경찰도 또한 개별적 지휘조항이 없는 한 대등관계라는 점을 내세워서 가능하면 이를 제한적으로 주장할 것이다.

이러한 점에서 본 조문이 '송치사건', '공소제기 여부의 결정 또는 공소유지에 필요한 경우' 등의 한정적 문구를 사용한 것은 문제이고 실무에서 이 조문의 해석을 두고 검경이 지속적으로 다투게 될 우려가 있다.

　　**일본 형사소송법**은 사법경찰관에게 송치 전의 독자적 수사권을 부여하였으나 송치 후 검사의 수사에 있어서는 검사에 대해 사법경찰관에 대한 지휘권을 부여하고 있다. 즉, 검사는 스스로 범죄를 수사하는 경우에 필요하다고 인정하는 때에는 사법경찰직원을 지휘하여 수사의 보조를 하게 할 수 있다고 규정하고 있다.[2] 즉, 지휘라는 포괄적 용어를 사용하여 검사가 상황에 따른 탄력적인 대응을 할 수 있도록 하고 있다. 관계를 지휘관계로 설정하는 경우는 이와 같이 탄력적 대응을 할 수 있도록 해야 관계가 명확하고 기관들 간에 갈등의 소지를 남기지 않는다.

　　2) '송치사건'이라는 문구에 의한 제한 문제

　　먼저, 보완수사요구는 '송치사건'에 한정된다. 그러므로 송치사건이 아닌 경우는 보완수사요구를 할 수 없다고 해석되고 보완수사요구의 범위를 제한적으로 규정한 까닭에 경찰은 송치사건의 범위를 제한적으로 주장할 가능성이 크다. 개정법에 의하면 검사와 경찰 내 사법경찰관이 개별적 지휘조항 이외의 경우는 대등관계가 되므로 경찰에서 이와 같이 주장할 때 검사가 달리 대처할 방법이 없다.

　　3) '공소제기 여부의 결정 및 공소유지를 위하여 필요한'이라는
　　　문구

　　송치사건에 있어서 경찰 내 사법경찰관에 대한 보완수사 요구의 범위에 있어서 '공소제기 여부의 결정 및 공소유지를 위하여 필요한 경우'로 한정하고 있어서 위와 같이 경찰이 송치사건으로 기재하여 보낸 사항 이외에 사건의 실체를 확인하여 시정할 필요가 있을 때에도 이를 위한 보완수사를 사법경찰관에게 요구할 수는 없다.

---

2) 일본 형사소송법 제193조 제3항. '検察官は 自ら犯罪を捜査する場合において必要があるときは 司法警察職員を指揮して捜査の補助をさせることができる.'

### 4) 송치사건 수사 중 별건 범죄를 발견하는 경우

예를 들어 검사가 사기 사건을 송치받아 수사를 하던 중 피의자의 마약 범죄혐의가 있어 이에 대해 보완수사가 필요한 경우 마약 범죄는 송치사건이 아니므로 보완수사요구의 대상이 아니다.

그러면 이러한 경우 검사가 보완수사요구를 할 수 없으니 스스로 마약 혐의에 대한 수사를 하는 것으로 해결해야 할 것이다. 앞에서 설명하였듯이 개정 검찰청법 제4조 제1항 단서의 검사의 수사개시 범위 규정은 훈시규정이므로 수사개시가 규범적으로 제한되지 않을 뿐 아니라 단서에서도 송치사건 수사 중 관련 범죄에 대한 수사는 수사개시 범위에 포함되어 있기 때문에 내부적 업무수행 방식으로도 문제되지 않을 것이다.

그러나 이러한 수사진행이 합리적인지는 의문이다. 검사실의 인력구조상 검사는 업무시간의 대부분을 기록검토와 결정문 작성에 사용하며 조사를 위하여 배분할 시간이 많지 않다. 그러므로 송치사건 수사 중 발견되는 별건의 수사도 검사가 직접 하게 되면 업무부담이 클 것이고 검사가 이를 반드시 직접 할 필요가 없는 경우가 많다.

그러므로 인력구조상 수사인력이 많은 사법경찰관에게 송치사건에 대한 지휘로서 별건으로 발견되는 사건의 수사도 함께 하게 하는 것이 합리적일 것이다. 개정법은 검사와 경찰 내 사법경찰관의 관계를 단절시켜 이러한 방법으로 해결할 수는 없게 하였다. 개정법 하에서 검사는 검사실에서 직접 수사할 여력이 없는 경우는 검찰청 내의 사법경찰관인 수사과, 조사과 등에 수사지휘하여 수사하도록 할 수밖에 없다.

### 5) 송치사건 수사 중 송치되지 않은 관련 사건의 범죄혐의가 인정되는 경우의 해결

한편, 경찰이 갑과 을을 수사하여 갑을 송치한 사건에서 검사가 검토와 보완수사 중 갑뿐만 아니라 을도 범죄혐의가 있어 보이는 경우 을에 대하여는 보완수사요구가 불가하다. 을은 송치되지 않았기 때문이다.

또한 경찰이 갑에 대한 사기, 절도, 횡령 등의 수사를 하였으나 절도만 송치하고 사기, 횡령을 송치하지 않았는데 검사의 보완수사 중 사기, 횡령도 범죄혐의가 인정된다고 판단하는 경우 이는 보완수사요구의 대상이 아니다.

하지만 이러한 경우에 검사가 아무런 조치를 할 수 없다면 공소제기 여부에 관한 결정은 공소권자의 권한이므로 부당하다. 이 경우에도 검사는 다음의 방법 중 하나를 선택하면 될 것이다.

먼저, 을에 대한 수사나 갑에 대한 사기, 횡령 수사를 직접 하는 것이다. 필요한 때에는 검찰청 내의 사법경찰관인 수사과, 조사과 등에 수사지휘하여 수사하도록 함으로써 해결할 수 있을 것이다.

다음으로는, 불송치된 해당 부분에 대하여 개정법 제245조의8 제1항에 따라 재수사요청을 할 수 있을 것이다. 검사의 이러한 요청이 있으면 경찰은 재수사하여야 한다,

또한, 개정법 제245조의5 제1호에 의하면 범죄혐의가 있다고 인정하는 때에는 송치하여야 하는바 범죄혐의가 있음에도 송치하지 않는 것은 법 제245조의5 제1호에 위반하는 것이므로 법 제197조의3 제1항의 수사과정에서의 법령위반에 해당하고, 검사는 법 제197조의3 제4항에 의해 사건의 송치를 요구할 수 있다고 할 것이다. 이 경우 경찰은 검사에게 사건을 송치하여야 한다(법 제197조의3 제5항).

## Ⅲ. 검사의 수사지휘관계 폐지에 대한 비판과 향후 과제

### 1. 경찰 수사에 대한 민주적 정당성 단절 문제

앞에서 설명하였듯이 국가권력을 행사하는 기관을 설치하는 경

우 그 기관의 권력 행사에 대한 민주적 정당성을 보장할 수 있는
체계가 필요하다. 현행 헌법상으로 정부에 속한 행정권에 대한 민주
적 정당성의 실질적 보장은 국회에 대해 책임을 지는 장관의 책임
과 그 장관의 지휘체계에 의해 보장된다.

　　이에 따라 개정 전 형사소송법에서는 경찰의 수사권과 관련하
여서는 검사의 지휘체계하에 연결하여 법무부장관 → 검사 → 사법
경찰관의 지휘체계로 일원화되어 있다. 그런데 개정법은 이 중 검사
와 경찰 내 사법경찰관의 지휘체계를 통하여 경찰 내 사법경찰관을
법무부장관에게 연결시키는 연결고리를 폐지하였다.

　　따라서 이에 의하면 경찰 내의 사법경찰관은 지휘체계상 사법
경찰관 → 지방경찰청장 → 경찰청장 → 행정안전부장관으로 연결
된다. 하지만 현행법상 행정안전부장관은 수사에 관한 직무를 수행
하지 않는다(정부조직법 제34조). 경찰에 관하여 정부조직법 제34조
제5항은 "치안에 관한 사무를 관장하기 위하여 행정안전부장관 소
속으로 경찰청을 둔다."라고 하고 있으므로 행정안전부장관의 경찰
청에 대한 지휘감독은 치안에 관한 사무에 있다. 그러므로 장관의
국회에 대한 책임이라는 민주적 정당성의 체제를 위해서는 행정안전
부장관의 사무에 수사를 포함시켜야 하며 정부조직법의 개정이 필요
하다.

## 2. 행정부 내 지휘체계의 이원화 문제

　　앞에서 설명한 바와 같이 현행법상 행정안전부장관이 수사에
관한 책임자가 아니므로 사법경찰관의 수사에 관한 민주적 정당성
을 위한 책임과 통제 체제에 문제가 있다. 이를 보완한다고 하여 정
부조직법을 개정하여 행정안전부장관의 직무에 수사를 포함시키는
경우는 행정부 내 지휘체계의 이원화로 행정안전부장관과 법무부장
관의 의사충돌의 문제가 발생한다.

　　개정법에 따르면 송치 전의 경찰 수사에 대하여는 행정안전부 장관이 책임을 지고, 송치 후의 검사의 수사에 대해서는 법무부장관 이 책임을 진다.

　　그런데 어떤 중요한 사안에 대하여 경찰의 의견과 검사의 의견 이 다른 경우에 이는 종국적으로 이에 대해 책임을 지는 행정안전 부장관과 법무부장관의 의견충돌로 나타날 것이다. 이와 같이 의견 이 다를 때 국가의 수사권 행사라는 기능이 집행되려면 의견이 하 나로 결정되어야 하는데 장관들이 충돌하는 경우 혼란만 가중될 것 이다. 만약 이 상황에서 어느 한 장관의 의사가 관철되면 다른 장관 은 정치적 책임을 부담하므로 정치적으로도 매우 부적절한 상황이 될 수 있다. 그렇다고 이 문제에 대하여 국무총리가 나서서 조정하 는 것도 수사의 성질상 부적절하다.

### 3. 향후의 입법과제

#### (1) 시행 전 시급과제: 민주적 정당성 문제의 해결을 위한 지휘체계 개정

　　앞에서 설명하였듯이 검사와 경찰 내 사법경찰관에 대한 지휘관 계의 폐지로 당장 경찰 내 사법경찰관의 수사에 대해 헌법의 민주주 의 원리에서 요구되는 민주적 정당성의 근거가 단절되었다. 이 부분이 보완되지 않고 개정 형사소송법이 시행되면 경찰 수사는 헌법상 민주 적 정당성이 없는 기관에 의한 수사가 되어 헌법 제12조 제1항의 적 법절차 조항 위반으로 위헌이 된다.

　　따라서 법 시행 이전에 먼저 정부조직법을 개정하여 행정안전 부장관의 직무에 수사를 포함시켜야 한다. 또한 경찰법상 지휘체계 는 경찰권자를 경찰청장으로 하고, 경찰청장의 권한이 지방경찰청장 으로 위임되고, 지방경찰청장의 권한이 경찰서장으로 위임되어 구성 되고 있으므로 경찰 내 사법경찰관이 수사권을 행사하려면 그 위임의 시발이 되는 경찰청장이 수사권자로 규정되어야 한다. 따라서 경찰청장과 지방경찰청장 등을 형사소송법상 사법경찰관으로 포함하여 수사권자로 만드는 개정이 필요하다.

이러한 개정을 하지 않으면, 예를 들어 서초경찰서장은 총경으로서 형사소송법상의 사법경찰관이지만 조직법인 경찰법상으로는 지휘체계상 상급관청인 지방경찰청장으로부터 수사권이 위임되어야 하는데('지휘·감독을 받아'라는 문구가 위임의 문구이다) 상급관청이 수사권이 없으므로 근거가 없어지기 때문이다.

나아가 지방경찰청장이나 경찰청장이 수사권자가 아니므로 지방경찰청이나 경찰청에 수사조직을 둘 수 없다. 예를 들어 지방경찰청 소속 경찰관들은 관청인 지방경찰청장의 보조기관들이어서 그들의 수사는 지방경찰청장의 수사가 되는데 수사권이 없는 지방경찰청장이 수사를 하는 것이므로 위법이다.

법 개정을 주도한 사람들은 이와 같은 체계의 문제에 대해 간과하였던 것으로 보이는데 시행 전에 하루속히 보완 입법을 해야 한다.

### (2) 민주적 정당성 문제 해결을 위한 자치경찰제 도입

한편, 위와 같이 경찰청장과 지방경찰청장을 사법경찰관으로 규정하고, 행정안전부장관의 사무에 수사를 포함시켜서 민주적 정당성의 연결체제를 보완한다고 하여도 조직원리인 지휘체계 일원화 문제가 해결되지 않아 장관들 사이에 충돌과 갈등으로 정부기능의 수행에 문제가 발생할 수 있다.

따라서 검사의 수사지휘 폐지로 인한 민주적 정당성의 흠결 문제를 근본적으로 해결하려면 경찰을 중앙정부에서 분리하여야 한다.

비교법적으로 보면, 경찰이 주로 국가경찰로 구성되어 검사와 경찰이 중앙정부 소속인 프랑스의 경우 검사와 사법경찰관이 수사지휘관계로 설정되어 있다. 독일은 연방국가로서 연방검사와 주검사가 분리되어 있는데 주검사와 주경찰의 사법경찰관이 모두 주정부 소속이다. 검사와 사법경찰관이 주정부라는 하나의 의사결정체에 함께 있으므로 검사와 사법경찰관의 관계를 수사지휘관계로 설정하고 있는데 이것도 주정부의 의사결정을 위한 지휘체계 일원화의 결과이다.

미국은 철저한 자치경찰제이고 연방정부에는 연방검사와 사법경찰관인 연방수사국, 마약수사국 등이 있다. 연방검사와 연방수사국의 관계가 수사지휘관계로 설정되어 있지는 않으나 연방수사국이 연방 법무부장관 소속이기 때문에 연방 법무부장관을 통해 의사결정의 일원화가 확보된다.

따라서 검사와 사법경찰관의 관계에 수사지휘관계를 폐지하고 별개 기관으로 하려면 사법경찰관의 소속을 중앙정부에서 지방정부 소속으로 변경하여야 한다. 사법경찰관이 지방정부 소속의 자치경찰이 되면 자치경찰에 대한 지휘와 책임을 자치단체장이 지게 된다. 그러므로 중앙정부 의사의 단일화에는 영향이 없게 된다.

비교법적으로 검사와 사법경찰관의 관계를 수사지휘관계로 설정하지 않는 영국, 미국, 일본의 경우 경찰은 자치경찰로서 지방자치단체 소속으로 되어 있다.

중앙정부의 의사결정에 있어 의사는 단일하고, 통일되게 행사되어야 하므로 수사권을 행사하는 검사와 경찰이 중앙정부에 함께 있는 한 검사와 사법경찰관의 관계를 수사지휘관계로 설정할 수밖에 없다. 그래야 정부 의사를 단일한 것으로 만들 수 있다.

만약 경찰을 중앙정부에 유지하면서 검사의 수사지휘관계를 폐지하는 경우에는 수사권 행사와 관련한 민주적 정당성 확보와 의사 단일화와 통일이라는 조직원리를 충족하려면 수사를 하는 사법경찰관을 행정안전부장관 소속에서 분리하여 법무부장관 소속으로 해야 한다. 그러면 법무부장관의 결정으로 의사가 단일하게 결정될 수 있을 것이다.

## (3) 경찰 거대권력화의 방지

앞에서 설명하였듯이 경찰의 수사권이 독립되어 있는 국가들은 모두 자치경찰을 기본으로 하고 있다. 자치경찰제는 경찰이 각 자치단체별로 분산되어 있기 때문에 거대권력으로 등장하기 어렵다.

우리나라는 해방 후 새로이 국가를 건설하는 과정에서 효율성을 강조하여 중앙집권적인 국가경찰체제를 도입하였다. 형사소송법 제정시에는 향후에 자치경찰제가 실시될 것을 예상하여 경무관 이하만 사법경찰관으로 규정하는 등의 조치를 하였으나, 이러한 예상과는 반대로 경찰은 점차 중앙집권화 하였고 그 중앙집권화는 경찰청 체제를 도입하면서 절정에 이르렀다.

일본은 중앙정부의 경찰청이 있으나 지방경찰청 이하는 도도부현 소속의 자치경찰이고, 중앙정부의 경찰청은 수사기구를 두지 않으며 집행인력은 모두 자치경찰 소속이다.

그런데 우리나라는 경찰청 체제를 도입하면서 시·도 소속의 경무국으로 편제되어 있던 경찰조직을 분리하여 경찰청의 직접 지휘 감독을 받는 지방경찰청 체제로 조직하였고 세계에 유례가 거의 없는 고도의 중앙집권적 국가경찰체제를 가지고 있다. 이러한 경찰에 대해 수사권의 행사에 있어 외부기관인 검찰의 지휘에 의해 그나마 통제를 받는 통제장치를 가지고 있었는데, 경찰의 거대화는 그대로 유지하면서 통제장치만 없애는 것은 매우 위험한 발상이라고 본다.

자치경찰제는 경찰의 수사권에 대한 민주적 정당성의 체제가 지방주민들의 선거로 선출된 자치단체장이 지방의회와 주민에 대해 책임을 지는 체제이다. 중앙정부가 국회를 통해 국민에 대한 책임을 지는 구조와 다르다. 자치경찰제는 이와 같이 민주적 정당성 문제를 중앙정부체제와 다르게 해결할 수 있고, 동시에 경찰의 분권화로 경찰의 거대권력화를 방지할 수 있다는 점에서도 반드시 선행되어야 한다.

### (4) 행정경찰과 사법경찰의 분리 문제

경찰의 기본임무는 치안이다. 이와 관련하여 우리나라는 해방 후 중앙집권적인 국가경찰체제를 구성하면서 경찰 본연의 임무인 치안과는 상관없는 정보 등의 기능을 유지하여 권력이 이미 비대하였다. 경찰은 수사에만 종사하는 것이 아니라 치안행정, 정보, 경비 등 여러 가지 기능을 수행하고 있다. 이러한 기능들은 진실과 정의라는 이념이 우선되는 사법 영역의 일부인 수사와는 다른 이념들에 의해 지배된다. 따라서 이와 같은 행정영역의 경찰이 수사를 담당하는 사법경찰을 지휘하면서 사법외적인 영향으로 수사가 왜곡될 우려가 크다.

나아가 그간 사법경찰에 대한 지휘계통은 검사의 지휘계통이어서 행정경찰의 수사와 관련된 지휘나 관여가 상대적으로 통제되었으나 검사의 수사지휘가 폐지되면 사법경찰이 행정경찰의 지배하에 있게 되므로 수사권을 장악한 행정경찰의 비대화와 거대권력화는 쉽게 예상할 수 있고 그 폐해 또한 우려된다.

따라서 검사의 수사지휘를 폐지하려면 이와 같이 수사를 담당하는 사법경찰이 행정경찰의 영향력에서 벗어나 사법의 이념인 진실과 정의라는 이념에 따라 공정한 수사를 할 수 있는 제도적 장치를 마련하여야 한다.

# 제5장

# 개정법상 경찰 1차 수사종결권: 불송치 결정권

## Ⅰ. 경찰의 불송치 결정권 규정

### 1. 개정 전 규정

개정 전 형사소송법 제196조 제4항은 "사법경찰관은 범죄를 수사한 때에는 관계서류와 증거물을 지체 없이 검사에게 송부하여야 한다."라고 규정하여 사법경찰관이 수사를 한 후에 사건을 모두 검사에게 보내도록 하고 있다. 이를 전건송치주의(全件送致主義)라고 한다.

전건송치주의는 사건에 대해 기소를 할 것인지, 아니면 불기소할 것인지의 공소 여부 결정을 공소권자인 검사가 행사하도록 하기 위한 것이다. 이에 따라 사법경찰관은 수사권을 가지고 수사는 할 수 있으나 기소 여부의 결정, 즉 공소권의 행사는 공소권자인 검사가 행한다.

전건송치주의는 수사한 사법경찰관이 그 사건을 스스로 결정하지 못하게 함으로써 사법경찰관의 권한을 수사로 제한하여 거대권력화를 방지하며, 사법경찰관의 모든 사건의 기록과 증거물을 검사에게 보내도록 함으로써 모든 사건에 대해 검사의 검토가 이루어지므로 사법경찰관이 함부로 사건을 처리하거나 은폐하는 등의 행위를 하지 못하도록 사전에 통제하는 기능을 하기도 한다.

## 2. 개정법상 규정

### (1) 경찰의 불송치권

전건송치주의를 취하고 있는 현행법과 달리 개정법에서는 경찰 내 사법경찰관은 범죄를 수사하여 경찰의 판단으로 범죄의 혐의가 있다고 인정되는 경우만 검사에게 사건을 송치하고, 관계서류와 증거물을 송부한다(법 제245조의5 제1호).

한편, 경찰은 위와 같이 범죄혐의가 있다고 판단하여 송치하는 경우 이외에 범죄혐의가 없다거나 공소권이 없다거나 기소중지 등 불기소의 사유가 있다고 판단하는 때에는 이를 송치하지 않는다(법 제245조의5 제2호).

### (2) 불송치사건의 기록송부와 반환

그런데 경찰이 불송치하고자 하는 사건은 그 이유를 명시한 서면과 함께 관계서류와 증거물을 검사에게 송부하고, 검사는 송부받은 날로부터 90일 이내에 이를 반환하여야 한다(법 제245조의5 제2호).

### (3) 검사의 재수사요청

검사는 위와 같이 경찰이 불송치하고자 하여 관계서류와 증거물을 송부한 경우에 경찰이 사건을 송치하지 아니한 것이 위법 또는 부당한 때에는 그 이유를 문서로 명시하여 사법경찰관에게 재수사를 요청할 수 있으며(법 제245조의8 제1항), 검사가 재수사요청을 하면 사법경찰관은 재수사하여야 한다(법 제245조의8 제2항).

검사의 재수사요청에 대해 사법경찰관은 재수사하여야 할 의무를 부담하므로 이 요청도 실질은 지휘이다. 즉, 재수사지휘라고 할 수 있다.

### (4) 고소인 등에의 불송치처분 통지와 이의제도

경찰이 고소, 고발 및 피해자가 있는 사건에서 불송치하고자 하여 245조의5 제2호에 따라 검사에게 기록과 증거물을 송부한 경우는 송부한 날로부터 7일 이내에 서면으로 고소인, 고발인, 피해자 또는 그 법정대리인에게 불송치의 취지와 이유를 통지하여야 한다(법 제245조의6).

경찰의 불송치 취지를 통지받은 고소인 등은 해당 사법경찰관의 소속 관서의 장에게 이의를 신청할 수 있고(법 제245조의7 제1항), 경찰은 이의신청이 있는 때에는 검사에게 사건을 송치하고 관계서류와 증거물을 송부하여야 하며, 처리결과와 그 이유를 제1항의 신청인에게 통지하여야 한다(법 제245조의7 제2항).

## Ⅱ. 경찰의 불송치 결정권 규정 비판

### 1. 개정법상 불송치의 법적 성질: 처분

현행법상 사법경찰관은 검사와 지휘관계에 있고 사건에 대한 최종 처분인 기소, 불기소의 처분은 검사가 행하므로 사법경찰관은 사건에 대한 처분권자가 아니다. 사법경찰관이 수사를 하고 사건을 검사에게 보내는 송치는 사실행위에 불과할 뿐 법적 효과를 발생하게 하는 처분은 아니다.

그런데 개정법에서는 경찰이 일정한 경우에 사건을 검사에게 보내지 않을 수 있도록 하였는데 그 조문의 구조상 그 법적 성질이 무엇인지 모호하다.

즉, 개정법 제245조의5 제2호는 (제1호에서 송치하는 경우 이외의) 그 밖의 경우는 관계서류와 증거물을 지체 없이 검사에게 송부하여야 한다고 하고, 검사는 90일 이내에 사법경찰관에게 반환하여야 한다는 절차만 규정할 뿐 이러한 행위들의 법적 성질이 무엇인지 모호하다.

그런데 개정법에서 경찰의 불송치는 검사에게 사건을 보내지 않는다는 사실행위가 아니며 그 법적 성질이 사건에 대한 처분으로서 검사의 불기소 처분과 마찬가지로 피의자에 대한 형사절차를 종결하는 처분이다.

왜냐하면 수사개시로 국민에 대해 형사절차가 개시되면 그 개시된 사건에 대한 처분이 행해져야 한다. 즉, 기소함으로써 재판을 청구하여 재판절차로 이전되게 하거나 불기소로 재판절차로 이전되지 않고 종결하든 사건에 대해 처분이 행해져야 하는 것이다.

그런데 경찰이 사건을 검사에게 송치하지 않는다는 것이 단순한 사실행위라면 그 사건에 대한 처분이 없어 종결되지 않는다. 따라서 불송치는 단순한 사실행위가 아니라 사건을 종결하는 처분인 것이다.

## 2. 경찰을 사건의 처분권자로 등장하게 함으로써 발생하는 문제점

### (1) 경찰에 공소권을 부여하는 문제

앞에서 본 바와 같이 개정법이 규정한 경찰의 불송치는 사건을 기소하지 않는 처분이다. 사건을 기소하여 재판절차를 진행하도록 할 것인지, 아니면 불기소처분으로 종결할 것인지를 결정하는 것은 공소권이다. 공소권은 공소제기 여부의 결정과 공소의 유지를 내용으로 한다.

그런데 개정법은 수사권만 행사하던 경찰에 공소권의 일부인 불기소처분의 권한을 부여하여 경찰이 수사권과 공소권의 일부를 행사하는 기관이 되었다. 현장성 수사활동기관들에게 예단이나 편견 등 객관적이고 공정한 판단을 하기 어려운 폐해가 있어 수사활동자와 판단자를 분리하여 프랑스 혁명 과정에서 공소관으로 도입한 검사에게 공소제기 여부의 판단을 맡긴 근대 형사소송법의 발전 방향에 역행하는 입법이다.

### (2) 범죄혐의에 대한 정부 의사의 이원화 문제
### 1) 정부 의사 일원화의 중요성

어떤 문제에 대해 국가가 어떤 의사결정을 하고 이를 집행하기 위해서는 그 의사결정 과정에서는 여러 가지의 견해들이 제시되고 토론을 거치더라도 최종적으로는 하나의 의사로 통일되어 결정되고 외부로도 하나의 의사로 표시되어야 한다. 그래야만 그 결정을 집행하여 국가를 운영할 수 있기 때문이다. 이와 같은 조직원리로서의 의사 일원화에 대해서는 앞에서 이미 설명하였다.

### 2) 피의자의 범죄혐의에 대한 정부의 의사가 이원화되는 문제

개정법과 같이 경찰이 불송치의 처분을 하는 제도가 도입되면 하나의 사건에서 피의자의 범죄혐의와 관련하여 경찰의 불송치처분시의 정부의 의사와 검사의 기소 여부 처분시의 정부의 의사가 존재하여 정부 의사가 2개가 된다. 현행법상 검사와 경찰이 모두 중앙정부의 소속이므로 검사의 처분도 중앙정부의 의사표시이고, 경찰의 처분도 중앙정부의 의사표시이기 때문이다.

이러한 상황은 국민들에게 매우 혼란을 줄 뿐만 아니라 수사와 소추에 관한 정부의 권한 행사에 대해 불신을 초래하여 기능수행에 장애가 된다. 예를 들어 경찰에서는 '혐의없다'는 이유로 불송치처분의 의사표시를 하였는데 그 처분을 검사가 변경하는 경우 이해관계자인 피의자는 검찰에서 처분이 변경되는 사유에 대해 의심을 하고, 반대로 고소인은 경찰의 수사의 공정성에 대해 의심을 하여 결과적으로 경찰이나 검찰 모두의 기능수행에 장애가 초래된다.

나아가 양 기관이 수시로 그 판단의 정당성에 대해 다툴 수 있어 검경의 상시적인 대립상황이 초래될 수도 있다. 같은 사건에 대해 검찰과 경찰이 다른 말을 하면서 국민들은 도대체 누구 말이 맞는지, 정부의 의사가 무엇인지 알 수 없다. 이는 정부의 기능에도 적절하지 않다.

최근에 김기현 전 울산시장 관련 사건에 대하여 검사가 혐의없음의 불기소처분을 하였는데, 당시의 울산지방경찰청장은 검찰의 불기소처분이 부당하다고 검사를 비난하고 나섰다. 이런 일은 정상적인 정부에서는 있을 수 없다.

정부의 의사는 최종적으로는 하나로 표시되어야 하며 그렇기 때문에 국가기관의 조직원리상 하나의 영역에 대한 처분권자는 1인을 두어 지휘체계를 일원화하는 것이다.

비교법적으로 보면, 경찰의 송치 전 수사의 독립성을 인정한 일본에서도 경찰은 범죄혐의에 대한 처분권이 없으며 모든 사건을 검사에게 송치한다.

독일도 경찰은 기소 여부를 결정하는 검사에게 모든 사건을 송치하여 기소 여부에 관한 정부의 의사는 검사를 통해 표시된다. 독일의 주석서 등 서적에서는 경찰이 범죄혐의 등 실체관계에 대한 의사표시를 외부적으로 하는 경우 혼란과 불신의 원인이 되므로 경찰은 검사에게 사건을 송치할 때에는 범죄혐의 등 실체관계에 대한 경찰의 판단을 기재해서는 안 된다고 하고 있다.[1]

미국도 경찰이 체포로 입건하면[2] 지체 없이 판사에게 인치하여

1) Kleinecht/Meyer–Goßner, StPO, C.H.Beck, 1999, §163, Rndr. 49.; Griesbaum, *StPO–Karlsruher Kommentar*, C.H.Beck, 2008, §163, Rndr. 29.

구금에 대한 심문절차를 진행하고 이 절차를 위해 법원에 사건이 접수되며, 그 심문절차에 검사가 관여하면서 이후 그 사건의 계속 진행 여부와 기소 여부(기소배심제도가 있는 주에서는 기소배심 회부 여부 결정)를 검사가 결정한다. 경찰이 이와 같이 입건된 사건에 대해 불기소의 처분을 할 수 없다.

그러므로 개정법에서 경찰에 대해 불송치라는 형태로 범죄혐의에 관한 실체판단을 외부적으로 행사하도록 한 것은 의사결정의 일원화라는 조직원리의 기본을 훼손하고 정부 기능에 혼란을 초래할 우려가 있는 입법이다.

## Ⅲ. 불송치 관련 통제절차상 문제점

### 1. 불송치 관련 통제절차

개정법은 경찰에 불송치의 권한을 부여하면서도 그 불송치에 대한 통제를 위하여 2개의 절차를 두었다.

① 고소·고발사건 또는 피해자가 있는 사건에서 고소인, 고발인 또는 피해자 등이 경찰의 불송치에 대해 이의신청을 하면 그 사건을 검사에게 송치하여야 한다(제245조의7 제2항).

② 경찰은 송치하지 않는 모든 사건의 기록과 증거물을 검사에게 송부하고, 검사는 이를 검토하여 90일 이내에 재수사요청을 하거나 기록을 반환한다.

위 두 가지의 절차를 합하면, 송치되는 사건의 기소 여부 결정은 당연히 검사가 할 것이고, 송치되지 않는 사건도 기록과 증거물을 검사에게 보내서 검사의 검토로 재수사할 것인지가 결정되므로 결과적으로 모든 사건의 기소 여부 결정은 최종적으로는 검사가 한다.

---

2) 미국에서는 형사절차가 개시되는 입건이 일반적으로 체포로 시작된다.

## 2. 행정관청 처분의 불복절차 유형

행정관청의 처분에 관하여 그 취소나 변경을 구하는 불복절차는 ① 처분관청에 처분에 대한 이의신청을 하고 이에 대해 처분관청이 다시 결정을 하는 절차, ② 처분관청의 지휘감독관계에 있는 상급관청에 지휘감독권의 발동에 의한 처분의 취소나 변경을 구하여 상급관청이 지휘감독권에 의해 하급관청의 처분을 취소, 변경하는 절차, ③ 제3의 기관인 행정심판 또는 행정소송 등 법원의 재판절차로 구성된다.

이와 같은 처분청의 처분에 관한 불복절차에서는 처분청의 처분이 적법하고 타당한 경우는 불복을 기각하고 처분청의 처분을 유지하며, 처분이 위법하거나 부당한 경우는 그 처분을 취소하거나 변경한다.

## 3. 고소 · 고발 사건 불송치 이의신청 절차의 문제점

### (1) 이의신청과 무조건 송치

개정법에서 경찰에 불송치의 권한을 부여하였으면서도 사건의 고소, 고발인 및 범죄피해자 등이 경찰의 불송치에 대한 불복으로 이의신청을 할 수 있도록 하고 있다. 그런데 그 불복 절차에 있어 경찰은 고소인 등의 이의신청이 있는 때에는 사건을 검사에게 송치하여야 한다(제245조의7 제2항).

먼저, 개정법에 의하면 경찰은 고소인 등의 이의신청이 있는 경우에 그 이의신청이 타당한지 여부를 판단할 권한이 없다. 처분청이 일정한 처분을 하고 이에 대해 이의신청이 있는 경우 그 처분청은 그 이의신청의 당부를 판단하여 이의신청이 이유 없으면 이의신청을 기각하고, 이의신청이 이유 있으면 처분을 취소, 변경하는 방식으로 절차가 진행되어야 하는데 개정법상 경찰의 불송치는 이의신청만 있으면 무조건 사건을 검사에게 송치하여야 한다.

### (2) 불송치처분이 먼저 행해지고 이의신청에 따른 송치를 하는 경우의 문제점

행정관청의 처분에 대한 불복절차는 이해관계자가 처분의 당부를 구하는 것이므로 일단 처분이 유지되면서 처분의 심사를 하는 기관에 불복사건으로 접수되고, 처분을 심사하는 기관에서는 처분 불복에 이유가 있으면 그 처분을 취소하거나 변경하고, 불복사유가 이유 없으면 불복을 기각하는 식으로 구성한다.

만약 이의신청과 송치절차에 있어 경찰의 불송치처분이 먼저 행해지고 그 불송치처분에 대해 이의신청을 하여 검사에게 송치하는 것으로 구성하면 처분의 불복절차상 문제가 발생한다. 개정법은 경찰의 불송치를 처분으로 구성하면서도 그 처분에 대한 불복절차를 불복절차에 관한 일반적 방식에 의하지 않고 고소인 등의 이의 신청이 있으면 검사에 사건을 송치하도록 하고 있기 때문에 불송치처분을 먼저 행하면 이미 행해진 불송치처분은 어떻게 되는 것인지 문제가 되는 것이다.

경찰이 스스로 행한 불송치처분을 그대로 둔 채 검사에게 사건을 보내는 것이라면 이는 사건의 송치가 아니라 위와 같이 이의신청 사건의 송부이고 검사는 이를 이의신청 사건으로 접수하게 된다. 이후 검사는 이의신청에 이유가 있으면 경찰의 불송치처분을 취소하고 경찰에 재수사하도록 하든가(이때 용어는 재수사명령이라고 하여야 한다) 아니면 스스로 보완수사하고 기소하여 그 처분을 변경할 것이다. 또한 이의신청에 이유가 없으면 이의신청을 기각하고 경찰의 불송치처분을 유지하면 된다.

그런데 개정법은 이와 같이 구성하지 않고 사건을 송치하는 것으로 구성하고 있다. 경찰이 불송치처분을 먼저 한 후에 이의신청이 있는 경우 사건을 송치하려면 경찰은 스스로 불송치처분을 취소하고 사건을 재기하여 수사 중인 사건으로 만든 후에 사건을 검사에게 송치하여야 한다.

이렇게 되면 경찰은 이의신청만 있으면 스스로의 처분에 대한 당부를 묻지 않고 무조건 자신이 먼저 행한 불송치처분을 취소하는 것으로 되는데 이런 식의 불송치처분의 실익이 무엇인지 의문이고 이는 그 효력상 처분으로 보기도 어렵다. 고소인 등 이해관계자가 있는 사건에서 경찰의 불송치처분에 대해 대부분 이의신청을 할 것으로 예상되기 때문이다.

### (3) 불송치처분 이전에 이의신청 절차를 두어야 한다

따라서 개정법상의 이의신청 절차가 합리적으로 운영되려면 불송치처분이 행해지기 전에 이의신청 절차를 두는 것으로 구성하여야 한다. 즉 경찰은 고소·고발 사건 등에 대해 송치하지 않는 것이 타당하다고 인정하는 때에는 고소인, 고발인 등에게 불송치처분 이전에 불송치 예정의 취지를 통보하고 일정한 기간 내에 이의신청이 있으면 사건을 송치하는 것이다. 이와 같이 구성하면 처분을 취소하여야 하는 불합리성이 없다.

개정법 제245조의5 제2호는 사건을 송치하지 않는 경우는 지체 없이 검사에게 기록과 증거물을 송부하도록 하고 있고, 제245조의6 (고소인 등에 대한 송부통지)에서 사법경찰관은 제245조의5 제2호의 경우에는 그 송부한 날부터 7일 이내에 서면으로 사건을 검사에게 송치하지 아니하는 취지와 이유를 통지하도록 규정하고 있다.

여기서 제245조의5 제2호에 의한 기록송부의 경우도 뒤에서 설명하겠지만 불송치처분을 한 후에 송부하는 것으로 하면 처분의 취소와 관련된 문제가 발생하므로 불송치처분 전에 기록을 송부하고, 검사로부터 재수사요청 없이 반환받는 경우에 비로소 불송치처분을 하는 것으로 운영해야 한다.

개정법은 제245조의6에서 '불송치처분통지'라고 하지 않고 '송부통지'라고 하고 있으므로 법 문구에도 합당하다. 즉, '송부통지'는 불송치처분의 예정을 통지하는 취지이다.

## 4. 불송치사건의 검사 송부와 반환절차

### (1) 검사 송부와 반환절차의 법적 성질 문제

경찰은 불송치하려는 경우 사건 기록과 증거물을 검사에 송부하고 검사는 90일 이내에 이를 반환하여야 한다(법 제245조의5 제2호).

개정법은 '검사에게 송부하고'와 '반환하여야 한다'는 사실행위만을 문구로 하고 있을 뿐 검사가 기록을 송부받아 반환하는 절차의 법적 성질이 무엇이며 검사가 이 절차에서 어떤 권한을 행사하는지 규정하고 있지 않다.

여기서 검토와 반환의 법적 성질을 단순히 검토해준다는 의미의 사실행위로 본다면 왜 검사가 업무부담을 감수하고 이러한 법률적으로 아무런 의미가 없는 사실행위를 그것도 90일이라는 기한까지 정해서 강제되어야 하는지 의문이다. 경찰은 검사에게 기록을 보내서 검토받았다는 점을 내세워서 불송치처분의 정당성을 주장할 수 있을 것이나 검사는 경찰의 이러한 정당성 보강을 위해 아무런 법적 의미 없는 검토행위로 경찰을 도와주는 기관이 된다. 어떤 기관에 일정한 행위에 대한 의무를 부담하게 하면서 법적인 의미가 없는 사실행위로만 규정하는 것은 타당하지 않다.

한편, 검사가 경찰의 불송치처분을 검토하고 반환하는 행위의 법적 성질을 불송치에 대한 승인으로 구성할 수 있을 것이다. 법적 성질을 이렇게 본다면 경찰의 불송치처분은 검사의 승인을 받는 경우에 할 수 있는 것이므로 결과적으로 사건의 최종적인 결정권자는 검사가 된다. 또한 이와 같이 보면 개정법의 재수사요청은 경찰 불송치결정의 불승인에 해당한다.

그런데 이와 같이 검사가 경찰의 불송치처분에 대한 승인권자라고 한다면 무엇 때문에 이런 제도를 만든 것인지, 그 효용성이 무엇인지 의문이다. 어차피 검사가 최종적인 결정권을 행사하는 것이라면 현재와 같이 그 기록을 송부받은 검사가 스스로 불기소의 처분을 하면 간단할 것이고 개정법과 같이 승인하고 기록을 다시 경찰로 돌려보낼 필요는 없을 것이다. 오히려 개정법은 송치라는 일회성 절차로 처리될 것을 송부와 반환이라는 두 개의 절차로 만들어서 절차만 복잡하게 만들었다.

경찰이 이러한 제도를 만들어 얻는 것이 있다면 경찰도 사건의 실체에 대한 판단권자로 등장하는 것이다. 그리고 최종적으로 불송치하게 된 사건의 기록이 검찰에 가지 않고 경찰에 보관된다. 따라서 종래에는 검찰이 언제든지 그 기록을 다시 볼 수 있다는 점에서 통제기능을 수행하는 효과가 있었으나 개정법상으로는 불송치처분이 되면 검찰이 그 기록을 다시 볼 염려는 없어 통제에서 자유롭다. 결과적으로 경찰에 대한 통제력이 약화되는 것이다.

### (2) 불송치처분이 행해지고 기록송부되는 경우의 문제점

개정법 제245조의5 제2호의 기록송부 절차를 구성함에 있어 경찰이 먼저 불송치처분을 행한 후에 검사에게 기록송부를 하는 것으로 구성하면 이미 처분이 행해져 종결된 사건의 기록과 증거물을 송부하는 것이 된다.

검사가 경찰이 종결한 사건의 기록을 송부받으면 처분의 타당성을 검토하는 것이며, 검사가 그 처분이 위법하거나 부당하다고 인정하여 재수사요청을 하면 경찰은 재수사하여야 한다(법 제245조의8 제2항). 이와 같이 검사의 재수사요청에 경찰이 따라야 할 법적 의무가 있으므로 그 실질은 지휘이다.

　그런데 경찰의 불송치처분이 먼저 행해진 후에 검사의 재수사요청에 따라 재수사한다면 경찰은 불송치처분을 취소하고 사건을 다시 재기하여야 한다. 검사의 재수사요청은 수사가 미진하여 수사를 더 해야 할 경우도 있고, 범죄혐의가 있어 송치할 필요가 있는 경우 등 다양한 상황이 예상되는데 그때마다 경찰은 스스로 행한 처분을 취소하여야 한다. 처분의 신뢰성이 저하되어 적절하지 않다.

　나아가 사건의 불기소처분과 관련하여 압수물의 처분 등 부수처분이 있다. 형사소송법상 압수물의 환부, 가환부는 공소권자인 검사가 판단하며 사법경찰관이 압수물을 환부, 가환부하려면 검사의 지휘를 받아야 한다(법 제218조의2 제4항). 그러므로 경찰이 불송치처분에 따른 부수처분으로서의 압수물 관련 처분을 하려면 검사의 지휘를 받아야 하므로 경찰이 먼저 불송치처분을 하고 기록을 송부하는 것으로 하는 것은 절차상으로도 적절하지 않다.

### (3) 사전승인절차로 해석해야 한다

　개정법 제245조의5 제2호는 송치하는 경우 이외에는 검사에게 기록과 증거물을 송부하도록 하고 있을 뿐 그전에 처분이 행해지는 것으로 규정하고 있지 않다. 앞에서 본 바와 같이 이 제도를 합리적으로 운영하려면 경찰이 불송치처분을 하기 전에 검사에게 기록과 증거물을 송부하여 불송치의 타당성에 대한 검토를 받고 검사가 이를 승인하면 불송치처분을 하는 것으로 운영해야 한다.

### 1) 개별적 지휘관계의 일종

　검사가 경찰의 불송치처분을 사전에 승인하는 것이라면 이는 검사와 경찰의 관계를 지휘관계로 하는 것을 전제로 한다. 개정법은 검사와 경찰의 관계를 개별적 지휘관계로 하고, 일반적 대등관계로 구성하고 있어 검사의 검토와 반환의 과정을 법률적 의미를 가지는 '승인'이라는 용어를 사용하지 않고 사실행위로서 '송부'와 '반환'이라는 용어를 사용하여 모호하게 규정하고 있다.

그러나 검사와 경찰이 대등관계라면 경찰의 처분을 검사가 검토한다는 것 자체가 관계설정과 모순된다. 개정법은 검사와 경찰의 관계를 대등관계로만 구성하고 있지 않으며 개별적으로는 지휘관계를 두고 있다. 불송치에 관한 기록송부도 그 실질이 승인으로서 지휘관계의 일종이다.

### 2) 처분의 취소가 행해지지 않음

이와 같이 불송치에 대한 사전 승인으로 구성하면 경찰의 처분을 검사가 취소하게 한다는 관계가 설정되지는 않는다. 사건에 대한 처분은 아직 행해지지 않았으므로 검사가 검토 후 불송치를 승인하면 경찰의 불송치처분이 행해지게 되고, 검사가 승인하지 않고 재수사를 하도록 요청하면 경찰은 이에 따라 수사를 다시 진행하면 되는 것이다.

### 3) 정부 의사의 일원화도 가능

이와 같이 사전 승인으로 구성하면 경찰의 처분과 검사의 처분으로 정부의 의사가 이원화되는 문제도 해결할 수 있다. 승인절차를 통해 결과적으로 정부의 의사는 검사의 최종 결정에 의해 일원화되기 때문이다.

## Ⅳ. 불송치처분의 주체 문제

### 1. 처분의 주체는 관청(행정청)이어야 한다

앞에서 본 바와 같이 개정법은 경찰의 불송치를 처분으로 구성하고 있다. 그런데 처분은 '행정청이 행하는 구체적 사실에 관한 법

집행으로서의 공권력 행사 또는 그 거부와 그 밖에 이에 준하는 행
정작용'을 말하며(행정절차법 제2조 제2호) 그 처분을 하는 행정청에
대해 행정절차법 제2조 제1호는 '가. 행정에 관한 의사를 결정하여
표시하는 국가 또는 지방자치단체의 기관, 나. 그 밖에 법령 또는
자치법규에 따라 행정권한을 가지고 있거나 위임 또는 위탁받은 공
동단체 또는 그 기관이나 사인'을 규정하고 있는데 이 중 가목의 국
가 또는 지방자치단체의 기관을 행정관청이라고 한다.

## 2. 경찰법상 관청의 종류와 불송치처분의 주체

행정기관 중에 누가 관청으로서 처분을 할 수 있는 권한을 가
질 것인지는 조직법에서 정하고 있는데 경찰에 관한 조직법으로는
경찰법이 있다. 경찰법에서는 관청으로 경찰청장(경찰법 제11조 제3
항), 지방경찰청장(경찰법 제14조 제2항), 경찰서장(경찰법 제17조 제2
항)을 규정하고 있다. 이들 관청이 있는 관서에서 관청을 보조하는
공무원들은 보조기관일 뿐 관청이 아니다.

경찰이 불송치처분의 권한을 행사하는 경우 그 불송치처분의
주체는 관청인 경찰청장, 지방경찰청장, 경찰서장이 될 것이다.

## 3. 수사권자가 아닌 경찰청장, 지방경찰청장은 불송치처분
   을 할 수 없는 공백

그런데 개정법에서 규정하는 불송치처분은 수사권을 가진 사법
경찰관이 행하는 처분인데 경찰청장, 지방경찰청장은 사법경찰관이
아니므로 불송치처분의 주체가 될 수 없다. 그렇다고 경찰청 내의
경무관 이하 사법경찰관이나 지방경찰청 내의 경무관 이하 사법경
찰관이 불송치처분을 할 수도 없다. 왜냐하면 이들은 조직법인 경찰
법상 처분을 할 수 있는 관청이 아니기 때문이다.

검사는 조직법인 검찰청법에서 개별 검사를 관청으로 규정하고

있기 때문에 개개의 검사가 처분을 할 수 있는 것인데 이에 반해 사법경찰관은 조직법인 경찰법에서 모든 사법경찰관을 관청으로 구성하고 있지 않으며 관청은 앞에서 본 바와 같이 경찰청장, 지방경찰청장, 경찰서장뿐이다. 그러므로 경찰청이나 지방경찰청에 현재와 같이 수사기구를 두고 불송치처분을 하려면 관청인 경찰청장이나 지방경찰청장이 형사소송법상 사법경찰관에 포함되어 수사권자가 되어야 한다.

개정법 추진자들은 이와 같이 권한규범인 형사소송법과 조직규범인 경찰법과의 관계에 대한 검토를 행하지 않은 것으로 보인다. 따라서 법 시행 전에 입법적 보완이 행해져야 한다.

## Ⅴ. 제도 시행상 예상되는 실무적인 문제점

### 1. 불송치처분과 관련한 실질적 결정자와 관련한 실무의 예상

#### (1) 현재의 실무: 검사의 검토와 결정

현재는 전건송치주의에 따라 모든 사건이 검사에게 송치되고 그 사건을 검사 스스로가 기록과 증거물을 검토하여 기소와 불기소를 결정한다. 예를 들어 서초경찰서에서 수사한 사건을 송치받아 결정하기 위해 서울중앙지방검찰청 내 서초경찰서를 담당하는 형사부서에 수명의 검사가 배치되어 이들이 서초경찰서에서 송치되는 모든 사건기록과 증거물을 검토하여 결정한다.

#### (2) 개정법의 예상 실무

그런데 개정법에 의하면 경찰의 불송치처분은 관청이 행해야 하므로 위의 예에서 서초경찰서에서 수사한 사건의 불송치처분은 관청인 서초경찰서장이 하여야 한다. 그런데 현실적으로 서초경찰서에서 수사한 사건의 모든 기록과 증거물을 서초경찰서장이 모두 검토한다는 것은 불가능하다. 검토해야 할 사건 기록의 양뿐만 아니라 경찰서장은 수사와 관련된 업무만 하는 것이 아니라 교통, 경비, 정보 등 여러 분야의 업무를 하고 경찰서 내의 인사, 총무 등의 업무도 관장하므로 사건 기록을 볼 틈이 없다.

그렇다면, 할 수 있는 선택은 위임전결 규정을 두고 보조기관이 사건 기록을 검토하게 하는 것일 것이다. 이 경우 사건 기록의 검토와 판단은 보조기관이 행하고 처분은 경찰서장 명의로 외부에 표시된다. 그러면 이때 보조기관 중 누가 이 기록검토와 판단을 담당할 수 있을까.

먼저 생각할 수 있는 것은 수사과장이나 형사과장 등 수사를 담당하는 과의 과장이다. 현재 과장의 계급은 경정이다. 그런데 현실에 있어서 과장이 이 업무를 담당하는 것도 매우 어려울 것이다. 왜냐하면 각 수사과나 형사과에는 많은 경찰관들이 있고 행해지는 수사도 많아 과장은 각 팀에서 행하는 수사에 대해 보고받고 그 진행 방향 등에 대해 지시하는 등 수사진행 자체를 이끌어야 하기 때문에 그 업무만으로도 바쁘다. 그렇기 때문에 차분히 사건 기록을 모두 읽어보고 검토할 수 있는 여유가 없다.

이와 같은 사정으로 인해 불송치의 검토와 판단은 과장 이하에서 행해질 가능성이 크고 아마 수사를 담당한 팀의 팀장의 수준에서 행하면 과장은 그 기안을 받아 결재하는 정도의 역할을 할 수 있을 뿐일 것이다. 현재 경찰서 팀장의 계급은 경감 또는 경위가 담당하고 있다.

즉, 개정법이 도입하는 경찰의 불송치처분제도는 그 현실에 있어 현재 검사가 사건에 대한 기록을 검토하여 기소, 불기소를 판단하는 제도를 변경하여 불기소에 대한 판단자의 수준을 경감이나 경위로 낮추는 결과를 가져올 것이다. 이것이 국민을 위해 바람직한 것인지 의문이다.

## 2. 사건 기록 왕래의 업무부담

먼저, 경찰이 사건을 수사하여 불기소함이 상당하다고 판단하는 사건에 대해서 불송치의 처분을 하고 나서 불송치처분을 한 사건기록과 증거물을 검사에게 송부한다. 이를 송부받은 검사는 90일 이내에 이를 검토하고, 재수사할 필요가 있는 경우는 재수사요청을 하고, 그렇지 않은 경우는 이를 다시 경찰에 반환하여야 한다.

즉, 경찰이 불송치 결정을 하는 경우에도 일단 사건 기록이 검사에게 왔다가 다시 경찰로 반환된다. 현재의 전건송치 체제에서는 경찰이 사건을 송치하면 검사가 이를 검토하고 보완수사가 필요한 경우는 보완하는 등의 조치를 한 후에 기소할 사건은 기소하고 불기소할 사건은 불기소의 처분을 한다.

이와 같이 현재는 검사가 사건을 받아서 검토 후 기소 여부 결정을 하여 처분을 하는 것으로 1회성의 절차인데 개정법에서는 경찰이 불송치의 처분을 한 후 그 기록이 검사에게 송부되어 왔다가 검사가 검토한 후 다시 경찰에 반환되어야 하므로 절차가 더 복잡하다.

## 3. 90일 반환기간의 해석

개정법은 불송치의 경우 경찰이 검사에게 기록과 증거물을 송부하면 검사는 90일 이내에 이를 반환하여야 한다고 규정하고 있다(법 제245조의5 제2호). 여기서 90일은 불변기간이 아니라 훈시규정이다. 검사는 90일 이내에 반환하도록 실무를 운영하여야 할 것이나 90일을 초과한다고 하여도 이로써 특별한 법적인 효력이 발생하지는 않는다. 현행법상 검사의 고소사건 처리기간을 3개월로 하는 규정이 있는데(법 제257조), 이 규정도 훈시규정으로 해석되고 있으며 90일의 반환기간도 마찬가지이다.

## 4. 불송치 승인의 대상

경찰이 불송치할 것으로 생각하여 검사에게 기록을 송부하여 승인을 받는 대상사건은 어떤 범위인가.

법 제245조의5 제2호는 경찰이 범죄혐의가 있다고 인정하여 검사에게 송치하는 경우 이외의 모든 경우는 검사에게 기록을 송부하여 송치하지 않는 처분에 대하여 승인을 받도록 하고 있다.

검사의 기소, 불기소처분에 있어 불기소처분의 종류 중 혐의가 있음에도 여러 정상을 참작하여 행하는 기소유예 처분이 있는데, 이 경우는 범죄혐의가 있는 경우에 해당하므로 경찰이 기소유예 사안이라고 하여 불송치할 수는 없다.

불기소처분에는 범죄혐의가 없는 경우의 혐의없음 처분도 있지만 그 외에 공소권없음, 기소중지, 참고인중지, 이송 등의 처분이 있다.

공소권없음은 범죄혐의가 있는 경우에도 소송조건의 흠결로 기소할 수 없는 경우에 행하는 처분인데, 불기소가 예상되는 경우이므로 불송치로 사전 승인을 받는 대상에 포함될 것이다.

기소중지나 참고인 중지도 불기소가 예상되는 경우이므로 경찰은 피의자가 소재불명이거나 참고인이 소재불명이어서 수사를 계속 진행할 수 없는 경우는 불송치의 사전승인을 받아 불송치하면 될 것이다.

다만, 기소중지의 경우 범죄혐의는 인정되나 피의자가 소재불명인 이유로 기소중지해야 하는 경우는 공소시효 완성을 방치하면 안 되어 피의자 소재불명인 상태에서 기소하여야 하는 경우도 있으므로 범죄혐의가 인정되는 경우는 기소 여부의 판단을 공소관인 검사가 하도록 송치하는 것이 타당할 것이다.

경찰이 수사하던 사건을 다른 경찰서로 이송하는 경우도 검사

에게 송치하지 아니하는 경우이므로 불송치의 사전 승인을 받아야
할 것이다. 종전에는 경찰이 불송치라는 처분을 하는 것이 아니었으
나 이제는 다른 경찰관서로 사건을 이송하는 것도 불송치라는 처분
을 하는 것이고, 법 제245조의5 제2호는 송치하는 경우 이외의 모
든 경우에 검사에게 기록을 송부하여 사전 승인을 받도록 하고 있
기 때문이다.

## 5. 일부 기소의견의 경우의 복잡성

### (1) 문제 상황

사건은 피의자가 1명, 죄명이 1개의 사건만 있는 것이 아니고
피의자가 1명이어도 죄명이 여러 개인 사건과 피의자가 여러 명인
사건 등 다양하게 존재한다. 그런데 이러한 사건에서 일부만 기소의
견인 경우 경찰의 불송치제도는 매우 복잡한 문제를 발생시킨다.

예를 들어 피의자 갑에 대한 죄명이 5개 정도 되는데 그중 2개
의 죄명에 대해서는 범죄혐의가 있어 보이고 나머지는 범죄혐의가
없다고 생각하는 경우 개정법의 문구상으로는, 경찰은 하나의 사건
에서 피의자 갑에 대한 2개의 죄명에 대하여는 사건을 송치하고 나
머지 3개의 죄명에 대해서는 사건을 불송치하는 처분을 할 수 있을
것이다.

그런데 법 제245조의5 제2호가 불송치의 경우에 사건기록과 증
거물을 송부하도록 하고 있고 이는 원본을 의미한다. 만약 일부만
송치하고, 불송치 부분을 구분하여 절차를 진행하려면 불송치처분을
위해서는 불송치사건에 대해서는 원본의 기록과 증거물을 검사에게
송부할 수 없으므로 이를 위해서는 기록을 복사해야 하는 업무부담
이 있을 것이다.

예를 들어 피의자가 갑, 을, 병 3인이었는데 경찰이 갑의 범죄
혐의가 있다고 하면서 송치하고, 을, 병에 대해서는 불송치처분을

한 경우에 경찰은 갑에 대한 송치시에 사건기록 원본을 검사에게 송부하여야 하고, 나머지 불송치처분한 피의자들에 대한 기록검토를 위해 기록을 복사하여 송부하여야 할 것이다.

### (2) 같은 사건을 2명의 검사가 중복 검토

기록 복사의 업무부담의 문제보다 더 심각한 것은 하나의 사건으로 수사된 사건의 절차가 두 개로 나뉘어 따로 진행된다는 것이다. 개정법이 시행되면 검찰은 불송치 기록 검토와 승인을 기존의 수사지휘 검사의 업무로 행할 것으로 보인다. 그러면 송치사건은 사건을 처리하는 검사에게 배당되는데 불송치사건은 수사지휘 검사에게 배당되므로 같은 사건을 2명의 검사가 중복하여 검토하게 된다. 하나의 사건으로 한 번에 처리될 수 있는 사건이 분리되어 처리되어 번잡하고 불필요한 인력의 낭비가 초래될 것이다.

### (3) 일부 기소, 일부 불기소 사건은 전부 송치가 합리적

따라서 죄명이 여러 개이거나 여러 명의 피의자 중 일부 기소, 일부 불기소로 나뉠 때에는 전부 송치하는 것이 합리적일 것이다. 그러면 송치받은 사건을 담당하는 검사가 기소 부분을 처리함과 동시에 일부 불기소 의견인 부분도 함께 검토하면 될 것이다.

이 경우 혐의없음 의견 부분도 송치되었으므로 검사가 혐의없음이 부당하다고 인정하면 보완수사요구를 하거나 스스로 수사를 하여 기소하면 될 것이다.

## 6. 재수사와 재불송치 문제

### (1) 경찰이 재수사 후 재불송치하고자 하는 경우

불송치 예정사건에 대한 사전 승인절차에서 검사가 불송치를 승인하지 않고 재수사요청을 하여 재수사한 후 경찰이 다시 동일한 결론으로 다시 불송치를 하고자 하는 때에는 마찬가지로 다시 검사에게 불송치의 승인을 받아야 할 것이다.

　이때 검사는 수사가 미진한 경우 다시 재수사요청을 할 수 있고, 검사의 재수사요청이 있는 때 경찰은 재수사하여야 한다. 검사는 재수사요청시에 미진한 부분을 지적하여 요청하면 될 것이다.

### (2) 검사가 혐의 있다고 인정하는 경우

　한편, 경찰이 불송치의 승인을 받고자 하나 검사가 검토한 결과 범죄혐의가 인정되어 송치하여야 할 것으로 생각되는 경우 검사가 재수사요청 이외에 송치하라고 할 수 있는가. 법 제245조의8 제1항은 재수사요청만을 규정하고 있으나 법 제245조의5 제1호에 의하면 범죄혐의가 있다고 인정하는 때에는 송치하여야 하는바 범죄혐의가 있음에도 송치하지 않는 것은 법 제245조의5 제1호에 위반하는 것이므로 법 제197조의3 제1항의 수사과정에서의 법령위반에 해당하고, 검사는 법 제197조의3 제4항에 의해 사건의 송치를 요구할 수 있다고 할 것이다. 이 경우 경찰은 검사에게 사건을 송치하여야 한다(법 제197조의3 제5항).

### 7. 경찰의 불송치처분시의 압수물 등에 대한 부수처분

　불기소처분시에는 압수물 등에 대해 환부, 폐기, 보관, 대가보관 등의 부수처분을 하여야 하는데, 앞에서 보았듯이 경찰이 이러한 처분을 하려면 검사의 지휘를 받아야 한다. 불송치사건의 기록 송부는 검사에 불송치에 대한 사전 승인절차이므로 사전 승인절차에서 압수물에 대한 지휘도 함께 받으면 될 것이다.

　검사는 불송치를 승인하는 경우에 압수물에 대한 처분의 지휘도 하여야 하고, 경찰은 검사의 지휘에 따라 압수물에 대한 처분도 하면 될 것이다.

## Ⅵ. 향후 개선방향: 불송치제도의 폐지

앞에서 본 바와 같이 개정법이 도입한 경찰의 불송치제도는 실무상 아무런 실익도 없고 혼란만 가중될 뿐인 제도이다.

가장 중요한 폐해는 사건의 실체 판단, 즉 범죄혐의가 있는가 여부에 대한 중앙정부의 처분이 2개로 되어 검찰과 경찰이 상시적인 대립관계와 갈등을 하게 되고 결과적으로 양 기관에 대한 국민의 불신만 가중되며 그것은 또 최종적으로 중앙정부의 기능에 대한 불신으로 이어진다.

경찰이 혐의없음의 판단을 하였는데 검사가 기소를 하여 유죄판결을 받으면 경찰이 불신을 받고, 경찰이 혐의없음 판단을 하였는데 검사가 기소를 하여 무죄판결을 받으면 검찰이 불신을 받는다. 또, 경찰이 기소의 판단을 하였는데 검사가 혐의없음으로 불기소하면 피의자는 경찰을 의심하고 고소인은 검사를 의심한다.

또한, 사회적으로 중요한 사건에서 검사와 경찰의 의견이 다르고 서로 자기가 옳다고 주장하면 국민은 도대체 정부의 의사가 무엇인지 혼란스럽고 정부는 조정기능이 없는 한심한 정부가 되는 것이다. 제도를 이런 식으로 만들어서는 안 된다. 정부의 의사를 결정하는 기관은 1개로 하여 정부의사가 하나로 표시되어야 한다.

나아가 개정법이 만든 경찰의 불송치는 실익도 없다. 앞에서 보았듯이 개정법은 경찰이 스스로 불송치처분을 할 수 있는 제도가 아니고 불송치를 하는 경우 검사에 기록을 송부하여 검토를 받도록 하고 있다. 불송치가 처분이라는 점에서 처분을 한 후에 이를 취소하는 것은 처분의 공정력이나 처분의 신뢰성에 있어서도 적절하지 않고 처분에 대한 불복절차의 구성원리의 문제도 있으므로 개정법상 검사의 검토는 불송치에 대한 사전 승인으로 보아야 한다.

그렇다면 경찰은 불송치처분 이전에 그 불송치의 가부에 대해 검사의 승인을 받아야 한다. 도대체 경찰은 검사의 사전 승인을 받아 불송치하는 제도를 왜 만들었는지 이해가 안 된다. 단지 검사가 행하는 불기소처분에 유사한 처분을 하고 처분문서에 도장을 찍으면서 자기 명의의 처분장을 작성하고 싶었던 것일까. 그런 이유라면 실익도 없는 권한을 도입하려고 실무에 혼란만 가중시켰다.

종래에는 전건송치로서 경찰은 수사를 한 후에 사건을 송치하면 되었다. 즉, 절차가 하나로 간단하다. 그리고 모든 형사사건의 종국처리된 기록들은 검찰에서 보관·관리한다.

그런데 개정법에 의하면 경찰은 수사를 한 후에 송치를 하거나, 불송치를 위해 검사에게 사전 승인차 기록을 송부한다. 결과적으로 모든 사건 기록이 검사에게 보내져서 그 사건 기록을 검사가 보는 것은 동일하다. 그런데 개정법은 불송치사건의 경우 검사가 기록을 검토한 후에 다시 그 기록을 경찰에 반환한다. 반환이라는 절차가 하나 더 생기는 것이다.

종전에 경찰은 사건을 수사하면 자율적으로 송치를 하면 되었다. 기소, 혐의없음, 기소중지 등 사유의 의견을 기재하고 송치하면 되었다. 그런데 개정법에 의하면 경찰은 기소의견으로 송치하는 경우를 제외하고는 모든 경우에 검사의 사전 승인을 받아야 한다. 그러므로 사건 처리에 있어 경찰의 자율성은 오히려 개정 전보다 약화되었다.

한편, 개정법에 의하면 사건 기록의 보관 주체가 검찰과 경찰로 분리되어 통일적인 관리가 어렵다.

실익도 없고, 실무에 업무부담을 가중하며, 혼란과 폐단만 예상된다. 문재인 정부와 더불어민주당이 추진한 검찰개혁법 중 고위공직자 범죄를 위해 설치한 수사처도 공소권을 행사하는 일부 범죄를 제외하고는 모두 검사에게 송치하도록 하고 있다. 그럴진대 경찰에 대해서만 불송치권한을 주면서 이와 같은 복잡한 제도를 만든 이유가 무엇인지 납득하기 어렵다.

　하루속히 법 개정으로 불송치제도를 폐지하고, 전건송치주의로
환원되어야 할 것이다.

# 제 6 장

# 검사작성 피의자신문조서의
# 증거능력 폐지

## I. 개정 내용

### 1. 현행법

현행법상으로 검사가 피의자를 신문하여 그 진술내용을 기재한 조서는 일정한 요건하에서 공소제기 후 재판에서 이를 증거로 할 수 있다. 형사소송법 제312조 제1항은 "검사가 피고인이 된 피의자의 진술을 기재한 조서는 적법한 절차와 방식에 따라 작성된 것으로서 피고인이 진술한 내용과 동일하게 기재되어 있음이 공판준비 또는 공판기일에서의 피고인의 진술에 의하여 인정되고, 그 조서에 기재된 진술이 특히 신빙할 수 있는 상태하에서 행하여졌음이 증명된 때에 한하여 증거로 할 수 있다."라고 하고, 제2항은 "제1항에도 불구하고 피고인이 그 조서의 성립의 진정을 부인하는 경우에는 그 조서에 기재된 진술이 피고인이 진술한 내용과 동일하게 기재되어 있음이 영상녹화물이나 그 밖의 객관적인 방법에 의하여 증명되고, 그 조서에 기재된 진술이 특히 신빙할 수 있는 상태하에서 행하여졌음이 증명된 때에 한하여 증거로 할 수 있다."라고 하고 있다.

즉, 검사가 작성한 피의자신문조서의 기재내용이 실제로 피의자
가 진술한 내용을 기재한 것임이 피의자의 진술이나 영상녹화물 등
객관적 방법으로 증명되면 이를 증거로 할 수 있는 것이다.

## 2. 개정법

이에 반해 개정법에서는 검사의 피의자신문조서에 대해 피고인
이나 변호인이 공판에서 그 기재 내용이 사실과 다르다고 진술하면
이를 증거로 할 수 없다고 하여 검사작성 피의자신문조서의 증거능
력을 아예 폐지하고 있다(형사소송법 제312조 제1항).

# Ⅱ. 입법 사고에 가까운 법 개정

## 1. 증거법은 검찰개혁의 문제가 아니라 형사절차 전체의 시스템 문제

증거법은 검찰개혁이나 검경관계의 문제가 아니라 범죄에 대
응하는 국가의 형사절차 시스템에 관한 문제이다. 증거법을 어떻
게 규정하는가에 따라 국가의 범죄에 대한 대응능력이 달라지는
것이다.

그럼에도 불구하고 개정법은 검사의 피의자신문조서의 증거능
력이 형사소송의 운영에 있어 전체적으로 어떤 의미를 갖는 것인지
에 대한 검토 없이 검사의 권한 약화라는 측면으로만 접근하여 함
부로 증거능력을 폐지하였다. 심지어 검사나 경찰이나 다를 게 없는
데 경찰 피의자신문조서의 증거능력은 부정하면서 왜 검사의 경우
에만 인정하느냐는 논리를 들며 검사의 경우에도 경찰과 마찬가지
로 증거능력을 부정해야 한다는 식의 주장까지 난무하였다. 증거법
의 의미를 모르는 주장들이다.

## 2. 우리나라에서 피의자신문조서의 증거능력을 폐지하는 것 의 의미

우리나라에서는 피의자신문조서의 증거능력을 폐지하는 것은 조서만의 증거능력을 폐지하는 것이 아니라 피의자신문조서를 작성 하는 조사절차, 즉 그 피의자신문에서 행해진 피의자 진술의 증거능 력을 폐지하는 것이며, 그 진술을 조서의 형태가 아닌 다른 어떤 형 태로도 증거로 할 수 없다는 의미를 가지는 것이다.

현행법의 해석상 대법원 판례에 따르면 수사절차에서 피의자나 참고인의 진술을 기재한 조서의 증거능력에 따라 그 진술 자체의 증거능력을 판단하고 있어서 피의자신문조서의 증거능력을 인정하 지 않는다면 그 피의자신문조서에 담긴 진술을 영상녹화물이나 녹 음물 등 다른 방법으로 담은 것도 증거로 인정하지 않는다.

예를 들어 현행법상 사법경찰관의 피의자신문조서에 대해 피고 인이 공판정에서 내용을 부인하면 증거로 할 수 없는데 이에 따라 조서에 담긴 진술을 영상녹화물이나 녹음물 등 다른 매체에 담아 증거로 제출하여도 증거로 할 수 없다.

이와 같이 피의자의 진술을 어떤 방법으로도 증거로 사용할 수 없게 하는 것은 실체적 진실발견을 위한 모든 방법을 막기 때문에 2008년 형사소송법을 개정하여 그 예외로서 사법경찰관이 조서에 담긴 피의자의 진술을 법정에서 증언을 하면 증거로 사용할 수 있 도록 하는 규정을 두었다(법 제316조 제1항). 그러나 그 이후의 실무 를 보면, 법원에서는 이와 같이 조사자증언을 증거로 할 수 있다는 명문 규정을 두었음에도 그 조서의 내용에 대한 조사자 증언의 증 거능력을 인정하는 데 부정적이어서 법 제316조 제1항 단서인 특히 신빙할 수 있는 상태하의 진술임을 인정하기 어렵다는 이유로 대부 분 증거능력을 인정하지 않고 있다. 그래서 제316조 제1항의 조사자 증언제도는 사문화된 것이나 다름없다.

따라서 개정법과 같이 검사작성 피의자신문조서의 증거능력을 폐지하면 피고인이나 변호인이 검사 앞에서의 진술을 기재한 피의자신문조서에 대해 내용을 부인하는 경우 검사가 조사할 때 피의자가 행한 진술을 전혀 증거로 사용할 수 없게 되는 것이다.

## 3. 검사의 공소제기 결정 기반 불안정으로 인한 형사사법 시스템 운영 곤란

### (1) 형사사법 시스템에 대한 이해 부족

형사소송은 탄핵주의를 취하고 있기 때문에 어떤 사람에 대해 형사처벌을 하기 위해서는 검사가 공소를 제기하여야 재판이 진행될 수 있다. 즉, 검사가 공소를 제기할 수 없으면 형사절차 자체가 진행될 수 없다. 그러므로 검사의 공소제기 결정의 기반을 불안정하게 하면 검사가 공소제기를 할 수 없게 되므로 형사절차의 진행 자체를 불가능하게 하여 국가의 범죄에 대한 대응 능력에 큰 흠결이 생기는 것이다.

### (2) 검사의 공소제기 결정 실무에 대한 이해 부족

검사가 공소제기 여부를 판단함에 있어 근거로 하는 증거로는 물적 증거와 진술증거가 있는데 그중 진술증거가 매우 중요하다. 사건 중에는 물적 증거가 없이 진술증거만 있는 경우도 있으며, 물적 증거가 있어도 그 의미를 진술증거가 보충해주어야 하는 경우가 대부분이다.

검사는 이러한 진술증거와 물적 증거를 근거로 하여 공소를 제기하는 결정을 하게 되는데 진술증거에는 피의자의 진술과 참고인의 진술이 있고 그중 피의자의 진술은 사건의 당사자이기 때문에 사건에 대해 가장 잘 아는 사람의 진술로서 매우 중요한 것이다.

그런데 이와 같이 사건에 대한 증거로서 매우 중요한 축인 피의자 진술의 증거능력을 부정하면 검사는 공소제기 여부 결정에 있어 그 진술을 나중에 법정에서 증거로 사용할 수 없게 되는 상황을 고려해야 하므로 공소제기 결정에 있어 매우 곤란한 상황에 처하게 된다.

개정법은 이와 같은 검사의 공소제기 결정의 실무에 대한 이해가 결여된 것으로 보인다.

### (3) 검사의 기소 여부 결정은 모험적 결정으로 전락

피의자가 수사절차에서 자백을 하는 경우에 자백과 다른 증거를 합하면 유죄판결이 가능하나 자백을 뺀 나머지 증거만으로는 유죄판결이 어려운 경우 검사가 기소 여부 결정을 함에 있어 두 가지 가능성에 봉착한다.

먼저, 공판절차에서도 피의자가 계속 자백을 하는 경우를 상정하고 기소하는 것이다. 요행이 피의자가 공판에서도 자백을 하면 유죄판결을 받을 것이다. 그런데 피의자가 공판정에서 진술을 번복하면 검사 앞에서의 자백도 증거가 되지 않으므로 법원은 자백 이외의 나머지 증거만으로 판단할 수밖에 없고 증거부족으로 무죄판결을 받을 것이다. 즉, 검사는 향후 공판에서 유죄판결이 될지 무죄판결이 될지를 가늠할 수 없고 오로지 피의자가 공판정에서도 자백해 줄 가능성이라는 요행을 믿고 기소하는 것이 된다. 기소 자체가 모험이다.

이와 달리 검사는 공판에서 피의자가 자백을 번복하고 조서를 부인하여 피의자의 자백이 증거로 사용할 수 없는 것을 상정하여 아예 증거부족으로 인한 혐의없음으로 불기소할 수도 있다. 그런데 이와 같은 처분을 하면 피해자 등은 자백을 하고 있는데 왜 기소를 하지 않는 것인지 이해하지 못하고 항의를 할 것이다.

결국 검사는 이러지도 못하고 저러지도 못하는 진퇴양난에 빠지게 된다.

### (4) 검사의 공소제기 자체를 불가능하게 하여 형사절차 운영의 장애 초래

그러나 실제로 검사가 요행을 바라고 기소하였다가 증거법 때문에 무죄를 받게 되면 검사가 무죄사건을 무리하게 기소하였다는 비난을 받을 것이다. 그런 경험을 하게 되면 검사는 아마 무죄판결을 피하기 위해서 공소제기하지 않는 쪽을 선택하게 될 것이다. 즉, 검사의 공소제기 자체를 불가능하게 하여 검사의 기소로 범죄에 대응하여야 하는 형사절차 운영에 큰 공백이 발생한다.

### (5) 자백 이외의 물증으로 입증하라는 주장에 대하여

일부에서는 자백 위주의 수사를 벗어나 자백 이외의 물증으로 범죄를 입증하여야 한다는 주장을 하기도 하나 이는 실상을 모르는 탁상공론이다.

물적 증거만으로는 범죄의 진상을 알 수 없고 이에 피의자나 참고인의 진술이 있어야 물적 증거의 의미도 알 수 있는 것이다. 그런데 사건 중에는 목격자 등 참고인의 진술 없이 물적 증거와 피의자의 진술만 있는 사건들이 많이 있다. 개정법에 의해 피의자의 진술을 증거로 할 수 없게 되면 이런 사건들을 기소할 수 없을 뿐만 아니라 향후 그 진상을 파악할 수도 없게 될 것이다.

### (6) 사례에 의한 설명

이와 같은 실무 문제로 몇 가지 사례를 들어보겠다.

초임검사 시절 서울 시내의 전자오락게임장에서 주인인 노파가 살해되고 범인이 오락기에 있던 동전을 절취한 사건의 공판을 담당한 일이 있었다. 이 사건은 피고인이 절도죄로 기소된 사건이었다.

1회 기일 전에 기록을 보니 이 사건은 원래 강도살인 사건이었다. 살해 신고가 있은 후에 주변과 오락실에 드나든 사람들을 탐문하던 경찰이 많은 동전을 가지고 배회하던 피고인을 검거하게 되었고 피고인이 범행을 자백하였으며 현장의 족적 등이 일치하였다. 피고인은 구속되었고, 경찰은 현장검증 등을 거친 후에 검사에게 사건을 송치하였다.

그런데 피고인은 검사 앞에서 자백을 번복하여, 오락실에 들어갔을 때 노파가 이미 죽어있었고 자신은 오락기에서 동전만 훔쳐 나왔다고 주장하였다. 검사는 경찰에서의 자백은 증거능력이 없으므로 강도살해는 혐의없음으로 불기소하고, 절도죄만으로 기소한 것이었다.

만약, 이 사건에서 피고인이 검사 앞에서도 자백하였다면 이러한 자백은 증거가 되므로 검사는 기소하였을 것이다. 피고인이 공판정에서 진술을 번복하고 부인한다면 진범인지 여부는 공판정에서 법원이 자백과 다른 증거 등을 판단하여 판결할 것이다.

그런데 개정법에 의하면, 피고인이 검사 앞에서 자백을 하여도 검사는 기소하기 어렵다. 마치 경찰자백이 증거가 될 수 없으므로 강도살해를 기소하지 못한 것처럼 검사 앞에서 자백한다고 하여도 그 자백이 공판정에서 증거가 될 수 없으므로 기소하기 어려운 것이다. 기소해서 계속 자백하면 유죄판결을 받을 수 있으나 부인하면 무죄이다.

검사는 요행을 바라고 기소하거나 증거법대로 판단하여 불기소해야 한다. 검사의 업무수행을 혼란에 빠뜨리는 것이다.

다음으로 부천지청장 시절에 겪은 사건의 예이다. 부천에서 초등생의 시체가 가정집 냉장고에서 발견된 사건이 있었다. 증거는 냉장고에 있던 토막 난 사체이고 목격자는 없다. 이 사건에서 피해자의 사망경위는 집에 있던 아버지와 어머니의 진술을 통해서만 알 수 있는 것이다. 경찰에서 아버지는 피해자에 대한 학대행위와 방치 사실을 인정하였으나 어머니는 부인하였다. 검찰에서 송치받은 후 아버지와 어머니에 대한 피의자신문을 계속하여 어머니의 행위에 대한 진술을 받았고, 부모를 부작위에 의한 살인죄로 기소하여 유죄 판결을 받았다.

개정법에 의하면, 이 사건에서 검사는 어떻게 기소하여야 하는지 혼란에 빠질 것이다. 공판정에서 피고인들이 내용부인하면 경찰에서 작성된 조서뿐만 아니라 검사의 조서도 모두 증거능력을 잃게 되어 그 진술들은 없었던 것이 된다. 그러면 남는 것은 다시 사체뿐이다. 공판정에서 피고인들이 어떤 식으로 진술을 번복하고 변명을 할지 모른다.

다른 예로 교통사고 사망사건을 들어보자. 야간 운전 중에 핸드폰을 보다가 전방에 걸어가는 행인을 보지 못하고 치어 사망하게 한 사건에서 피의자가 핸드폰을 보다가 실수했다고 자백하였고 목격자는 없다.

현행법에 의하면 검사는 자백과 사고 현장 및 자동차 충격 부분 등을 종합하여 유죄판결을 받을 수 있으므로 기소한다. 그러나 개정법에 의하면 검사는 혼란에 빠진다. 피고인이 법정에서 검사 앞에서의 자백에 대해 내용부인하면 증거가 될 수 없으므로 남는 것은 사고현장과 사고 자동차, 사체뿐이다. 피고인이 법정에서 핸드폰을 본 일이 없고, 피해자가 갑자기 뛰어들었다고 진술을 번복한다면 법원은 피의자의 자백은 증거에서 제외하고 판단하여야 하므로 이러한 물적 증거만으로는 피고인의 과실을 인정할 수 없으므로 무죄 판결을 할 것이다.

뇌물 사건에서도 문제가 많을 것이다. 예를 들어 제약사에서 보건소 의사들에게 뇌물을 준 사건에서 검사가 압수수색으로 제약사

판매영업소의 장부를 압수하였는데 그 장부에 영업사원에게 지불한 업무추진비 기재가 있었다. 제약사 직원이 의사에게 청탁하면서 돈을 주었다고 진술하였고 그 진술과 장부기재를 합하면 현행법상으로는 유죄판결이 가능하므로 기소할 것이다.

그러나 개정법에 의하면, 이 경우 제약사 직원이 검사 앞에서 뇌물을 주었다고 자백하여도 기소하기 어려울 수 있다. 공판정에서 검사 앞에서의 진술은 사실이 아니고 업무추진비를 받은 것은 사실인데 그 돈은 의사에게 뇌물로 주지 않고 다른 용도에 사용한 것이라고 진술을 번복하면 검사 앞에서의 진술은 증거가 될 수 없고 남는 것은 업무추진비라고 기재된 금원의 장부기재뿐이다. 이것만으로는 유죄판결을 할 수 없을 것이므로 피고인은 무죄판결을 받을 것이다. 이런 결과를 예상하고 검사는 아예 기소하지 않는 선택을 할 수도 있다. 그러면 검사는 보건소 의사에게 돈을 주었다는 자백이 있는데 기소하지 않았다고 비난을 받을 것이다.

## Ⅲ. 진술 관련 증거법 체제의 비교법적 검토

### 1. 독일의 직접주의

### (1) 직접주의의 의의

직접주의는 독일에서 프랑스 혁명 후 근대 형사소송법의 큰 이념이었던 공개주의, 즉 시민의 통제라는 관점에서 재판의 진행내용과 제출되는 증거의 내용을 시민들에게 알린다는 공개주의와 함께 사실인정과 관련된 증거조사방식으로 도입된 것이다.

직접주의는 사실인정을 하는 법원에 대해 요구되는 이념으로서 사실인정을 하는 법원이 시민이 감시하는 공판정에서 직접 (시민들과 함께) 인식하게 된 자료를 토대로 사실인정을 하여야 한다는 것이다.

## (2) 진술증거의 증거능력과의 관계

### 1) 경험자 직접 신문원칙: 경험은 간접경험도 포함한다

직접주의는 어떤 사람이 경험한 내용을 사실인정의 자료로 사용하려면 법원이 그 경험자를 직접 신문하고 그 신문한 내용을 사실인정의 근거로 하여야 한다는 것을 요구한다.

그런데 여기서 말하는 경험은 직접적 경험뿐만 아니라 간접적 경험도 포함하므로 직접 경험한 사람으로부터 그 경험 내용을 들어서 아는 사람을 상대로 그 들은 내용을 신문하는 경우도 증거로 허용된다. 직접주의는 공판정에서 법관 앞에서 말한 것만 증거가 되고, 수사기관 면전에서 말한 것은 증거가 되지 않는다는 원리는 아니다.

예컨대 교통사고 현장을 목격한 목격자가 경험한 사실을 사실인정의 근거로 삼기 위해서는 그 목격자 자신을 법정에서 신문하는 것이 바람직하지만 그 목격자로부터 목격사실을 들은 제3자를[1] 법정에서 신문하여 간접경험 내용을 듣고 이를 사실인정의 근거로 삼는 것도 가능하다.

그러므로 법원이 경험자를 직접 신문한 내용만 사실인정의 근거로 한다고 하는 직접주의의 정의에서 그 경험을 직접 경험자만을 의미하는 것으로 이해하여 직접주의는 법원 앞에서 행한 증언만 증거로 하고 수사기관에서 말한 것은 증거로 하지 않는다고 주장하는 것은 직접주의를 적절히 이해하지 못한 오해이다.

### 2) 조서의 증거능력 문제

이러한 직접주의는 특히 조서의 증거사용과 관련하여 의미를 가진다. 법원은 사실인정을 위해서는 경험자를 직접조사할 것을 요구하며 법원의 직접신문 이외에 타인이 조사한 기록물을 기록물 자

---

1) 여기서 제3자는 사인인 제3자뿐만 아니라 그 목격자를 조사한 조사자도 포함한다.

체로 인식함으로써 이를 대체하는 것을 금지한다는 의미를 가지기 때문이다.

그러므로 직접주의가 금지하는 것은 수사기관이 작성한 조서에 대해 원진술자 등을 법원이 직접 신문하지 않고 조서 자체를 증거조사함으로써 증거로 사용하는 것을 금지할 뿐 조서에 있는 진술내용을 공판정에서 확인하는 조사를 하면 그 진술은 증거로 사용된다. 즉, 조서는 증거로 사용되지 않으나 조서에 기재된 진술은 증거로 사용된다.

예컨대 피고인이 사법경찰관 앞에서 자백하는 진술을 하고 사법경찰관이 그 자백을 기재한 조서가 있는 경우 법원은 그 자백 내용에 대해서 법정에서 피고인에게 직접 물어보거나 조사한 경찰관을 증인으로 하여 물어보아야 하는 것이며 이와 같이 직접 물어보지 않고 사법경찰관이 작성한 조서만으로 곧바로 사실인정을 해서는 안 되는 것이다.

진술을 기재한 조서의 경우 그 증거조사 방법은 낭독인데, 피고인이나 증인을 공판정에서 직접 신문하여야 하며 공판정 이외에서 행해진 신문에 의한 조서나 기타 서면을 낭독하는 것으로 이러한 직접신문을 대체하는 것은 원칙적으로 허용되지 않는다는 것이[2] 바로 이러한 의미이다.

### 3) 조서에 기재된 진술을 증거로 사용하는 방법

그러나 직접주의는 타인이 조사한 원진술자의 출석이 가능하다면 원칙적으로 원진술자를 공판정에서 신문하는 것이 원칙이고 그에 대한 공판정 외의 조서만으로 공판정 증언을 대체할 수 없다는 것일 뿐 원진술자의 공판정 이외에서의 진술이 공판정에서 증거로 사용될 수 없다는 것은 아니다. 즉, 조서에 기재된 진술이라도 일단

---

2) 독일 형사소송법 제250조 제2문.

그 원진술자가 공판정에서 나와 증언 또는 진술하는 한은 그 조서
기재내용을 구두주의에 따라 '진술'의 형식으로 공판정에서 현출하
면 증거가 되는 것이다. 그리고 그 증거로서의 가치는 피고인이 공
판정에 새로이 한 진술과 동등하고 어느 쪽을 믿을 것인가는 법관
의 자유심증의 문제이다. 따라서 독일법상의 직접주의는 수사단계에
서의 진술이 공판정에 증거로 들어오는 방법을 제한하여 조서의 형
태가 아닌 진술의 형태로 들어오게 하는 것으로 '조서'와 '조서에 담
긴 진술내용'을 분리하여 개념을 구별하는 체제이다.

예를 들면 피고인의 경우, 그의 진술이 기재된 법관작성 조서는
공판정에서 낭독함으로써 그 자백을 증거로 사용할 수 있다고 하
여3) 법관의 피의자에 대한 조서는 이를 조서 자체의 낭독으로 증거
로 사용할 수 있는 규정을 두고 있지만 법관 이외의 수사기관의 피
의자신문조서에 대하여는 이러한 규정을 두지 않아 이와 같이 낭독
의 방법으로 증거로 사용할 수 있다는 의미에서의 증거능력은 없다.
그러나 수사단계에서 행한 피의자의 진술내용을 구두의 진술로 공
판정에 현출하면 이를 증거로 사용하는바, 즉 조서에 담긴 진술내용
은 증거로 사용될 길이 있는 것이다. 그러므로 조서의 증거능력이
없다고 하면, 조서의 내용 자체도 증거로 될 수 있는 길을 다 막아
버리는 한국의 대법원 판례해석론과는 큰 차이가 있다.4)

그리하여 먼저 피고인의 경우를 보면, 피고인이 공소사실을 부
인하는 경우에도 피고인신문시에 피고인에게 조서의 내용을 보여주
거나 낭독하여 주는 방법 등으로 알려주면서5) 수사단계에서 진술한
것에 대하여 신문을 하고 이때 피고인이 조서의 내용대로 진술하였
음을 인정하는 때에는 이와 같이 인정하는 피고인의 진술6)이 증거

---

3) 독일 형사소송법 제254조 제1항.
4) 즉, 한국의 판례이론은 조서와 그 내용인 진술의 증거능력이 함께 가는 체제이다.
5) 이를 Vorhalt라고 한다.
6) 필자는 이를 '인정진술'이라는 용어로 표현하고 있다.

로 사용되어 공판정에서의 번복진술과 함께 법관의 자유심증에 의
한 판단대상이 되는 것이다.[7] 반면에 피고인이 조서의 내용대로 진
술한 사실 자체를 부인하는 경우[8]에는 신문담당자 또는 신문시에
입회한 자 등이 법정에서 증언하거나 기타의 방법으로 피고인이 수
사단계에서 그러한 진술을 하였음을 입증하는 경우는 이를 증거로
할 수 있는 것이며,[9] 이는 사법경찰관의 조서이든 검사의 조서이든
같다.

## 2. 영미법계 전문법칙

### (1) 전문법칙의 특징

수사단계 진술에 대한 영미법의 전문법칙적인 접근은 '진술 자
체'를 대상으로 한다는 특징이 있다. 따라서 진술 자체를 전문증거
(hearsay)로 파악하면 그 진술이 증인의 증언의 형태로 나타나든, 서

---

7) Diemer, *StPO—Karlsruher Kommentar*, (2008), §249, Rn. 46 「Nichtrichterliche
   Protokolle, die ein Geständnis des Angeklagten enthalten, können diesem
   vorgehalten und zu diesem Zweck verlesen werden. Bestätigt der Angeklate
   auf den Vorhalt, daβ er sich so, wie niedergeschrieben, geäuβert hat, so darf
   das Gericht diese Tatsache bei der Urteilsfindung verwerten(피고인의 자백을
   내용으로 하는 조서로서 법관의 조서가 아닌 것은 신문과정에서 제시될 수 있고
   그 목적을 위하여 낭독될 수 있다. 이렇게 제시와 함께 하는 신문에서 피고인이
   조서에 기재된 대로 진술하였던 것을 인정하면 법원은 이 사실을 판결에 있어 증
   거로 할 수 있다). (BGHSt, 1, 337, 339; 14, 310, 311＝NJW 1960, 1630; BGHSt
   21, 285, 286＝NJW 1967, 2020).
8) 한국에서 조서의 실질적 진정성립 부인이 이에 해당한다.
9) Diemer, *StPO—Kahlsruher Kommentar*, (2008), §249 Rn. 46. Bestreitet der
   Angeklagte, die niedergeschriebene Aussage gemacht zu haben, dann darf
   der Inhalt des Protokolls nur verwert werden, wenn der Beweis für seine
   Richtigkeit in andere Weise geführt ist, zB. durch Vernehmung der
   Verhörperson(피고인이 조서에 기재된 진술을 한 사실을 다투는 때에는 조서의 내
   용은 다른 방법, 예컨대 신문한 사람을 신문하는 등의 방법으로 조서기재의 진정성이
   입증되는 경우에만 증거로 할 수 있다). (BGHSt 3, 150; 14, 310, 312＝NJW 1960,
   1630).

면기재로 나타나든 상관없이 증거능력이 인정되지 않는 것이다. 즉,
서면과 진술내용이 함께 가는 체제로서 이 점이 독일의 직접주의적
접근방법과의 기본적인 차이점이다.[10]

## (2) 전문법칙의 규제대상은 증인의 공판정 외 진술

그런데 전문법칙에서 전문증거로서 증거능력을 제한하는 공판
정외 진술은 증인의 공판정 외 진술이 주요 대상이다. 이에 따라 전
문증거로 파악되는 공판정 외 진술은 원칙적으로 공판정 진술에 대
한 탄핵자료로 사용될 수는 있으나 공소사실을 입증하는 증거로는
사용될 수 없다는 것이 common law의 원칙이었다.[11]

하지만 증인의 공판정 외 진술을 모두 증거로 할 수 없다면 진
실을 발견해야 하는 형사사법의 기능수행에 장애가 초래되므로 신용
성의 정황적 보장이라는 근거하에 개별적으로 많은 예외를 인정하고
있다. 그래서 전문법칙은 오히려 예외의 법칙이라고 하기도 한다.

한편, 미국의 연방증거법 제801(d)(1)은 이러한 common law상
의 원칙을 완화하여 증인의 공판 외 진술은 ① 해당 증인이 공판기
일(trial) 또는 심문기일(hearing)에 출석하여 증언을 함으로써 반대신

---

10) 그러므로 전문법칙적 접근방법을 취하는가, 직접주의적 접근방법을 취하는가에
   따라 가장 큰 차이를 보이는 것은 전문법칙에 따라 전문증거로 파악되는 수사단
   계에서의 참고인의 진술이 공판정에서 증거로 사용될 수 있는가이다. 전문법칙에
   따르면 참고인의 진술은 공판정에서 번복되는 한 원칙적으로 공소사실을 입증하
   는 증거로 사용할 수 없고 예외적으로 구체적 사안에서 법원이 모든 정황을 고려
   하여 필요성과 신용성을 인정할 때 증거로 사용할 수 있다. 반면에 직접주의에
   따르면 법정에서의 인정진술(수사단계에서 조서 내용대로 진술한 일이 있음을 인
   정하는 진술) 또는 수사담당자나 제3자의 증언을 통하여 공판정 외에서 일정한
   진술한 사실이 인정된다면 특별한 제한 없이 증거로 사용될 수 있다. 어느 쪽을
   선택할 것인지는 입법정책의 문제라고 할 것이지만 영미법적인 전문법칙을 택하
   면 영미법계에서 수사단계에서 참고인의 진술을 사용하지 않고도 그 형사사법운
   영이 가능할 수 있는 보완장치, 즉 허위진술죄나 사법방해죄 등의 각종 장치를
   함께 고려하면서 이런 논의를 하여야 할 것이다.
11) Graham, *Federal Rules of Evidence*, 6.Ed.(2003), p.404.

문이 보장되는 것을 전제로 하여,12) ② 증거로 하고자 하는 그 공
판 외 진술이 현재의 증인의 진술과 모순되고, ③ 선서 후 위증죄의
처벌이라는 부담하에서, ④ 다른 공판기일, 심문기일(hearing), 또는
이에 유사한 절차(other proceeding)13)나 진술보전절차(deposition)14)
에서 행해진 것인 때에는 전문증거가 아니라고 하여(not hearsay)
증거로 할 수 있도록 하였다. 그 근거로는 이러한 절차에서 그러
한 진술이 실제로 행해졌다는 점에 대해 신용성이 보장된다는 점
을 든다.15)

### (3) 피고인의 공판정 외 진술은 증거로 사용

한편, 영미법계에서는 일찍이 공판정 외에서 이루어진 피고인의
불이익한 진술(admission)을 내용으로 하는 전문증거는 전문법칙이
적용되지 않는 경우로서 증거로 사용하는 것이 허용되고 있다.
common law에서는 이러한 진술은 전문법칙의 예외(exception to the
hearsay rule)로서 파악되어 허용되었으나, 미국의 연방증거법은 이
를 아예 전문증거가 아닌 것으로 정의하여 허용하고 있다.16)

피고인 자신의 진술을 내용으로 하는 공판 외 진술은 다른 경
우와 달리 피고인 자신이 법정에 있으므로 선서가 이루어지지 않았
다든가, 진술내용에 대한 반대신문을 하지 못하였다든가 하는 것은
의미가 없다.17)

다만, 이와 같이 수사단계에서의 피의자의 자백 또는 불리한 사

---

12) 따라서 일단 증인이 공판정에 나오는 것은 필요하다.
13) 예를 들면 기소배심(Grand Jury)절차를 들 수 있다. Graham, op cit, p.405.
14) 미국법상 deposition은 법원이 관여되는 절차이다.
15) Graham, op cit, p.404.
16) Best, *Evidence*, 4.Ed.(2001), pp.90−93; May, *Criminal Evidence*, 3Ed.(1995), p.209; Waltz, *Introduction to Criminal Evidence*, (1987), pp.78−79; Federal Rules of Evidence §801(d)(2).
17) Waltz, op cit, p.80.

실에 대한 진술이 증거로 사용될 수 있기 위하여는 다른 기준, 즉
그 진술의 임의성이 인정되어야 하는바 구체적으로 억압, 협박 또는
회유 기타 임의성을 의심할 사정 등이 검토되는 것이다.[18]

그러면 수사단계에서 피의자가 한 진술에 대하여 임의성을 의
심할 만한 사유가 없는 경우 그 진술이 법정에 현출되는 방식은 무
엇인가. 영미법계에서 수사단계에서의 피의자의 진술이 법정에 현출
되는 전형적인 것은 수사경찰관이 증언을 하는 것이다.[19] 증언을
함에 있어서 피의자가 진술한 내용이 전문의 형식으로 법정에 현출
되고, 나아가 그 자백이 이루어진 경위나 정황에 대하여 피고인측에
의한 반대신문이 행해지면서 탄핵할 가능성이 주어지게 된다.[20] 즉,
수사단계에서 이루어진 진술의 신빙성에 대한 이러한 음미과정을
거침으로써 피의자의 진술을 내용으로 하는 수사경찰관의 증언의
증거능력이 인정되는 것이다.

여기서 특히 주의할 것은 영미법계의 재판에서는 피고인신문이
없다는 점이다. 따라서 기소인부절차에서 부인진술을 하면 공판정에
서는 피고인신문이 없이 증거를 제출하여야 하며 따라서 피고인이
수사단계에서 어떤 진술을 하였더라도 그러한 진술을 하였는지 피
고인에게 물을 수가 없으므로 수사단계에서의 피고인의 진술을 증
거로 제출하기 위하여는 경찰관이 증인으로 나서는 것이 원칙적인
모습이 될 수밖에 없다는 점이다.[21]

---

18) May, op cit, pp.217 – 236.
19) Waltz, op cit. p.79; 물론 수사기관은 법정에서의 증언을 위하여 피의자의 진술
　　내용을 신문 중 또는 즉시 메모 등의 방법으로 기록하여 놓는 것이 필요할 것이
　　다. 진술내용의 신빙성 판단을 위하여 즉시 기록하는 행위의 중요성에 대하여는
　　May, op cit, pp.230 – 231.
20) May, op cit, p.239.
21) 이 점은 피고인신문제도가 있는 대륙법계와 비교할 때 큰 차이이다. 독일에서는
　　앞에서 본 바와 같이 피고인이 공소사실을 부인하는 경우에 만약 수사단계에서
　　자백한 사실이 있다면 수사단계에서 자백한 사실이 있는지를 피고인에게 물어서

## 3. 일본 형사소송법

### (1) 전문법칙의 도입

일본은 패전 후 미군정의 영향하에 형사소송법을 개정하면서 독일의 직접주의식 규정에서 미국의 전문법칙을 도입하여 증거규정을 전문법칙 방식으로 개정하였다.

### (2) 피의자 진술의 증거능력

일본은 위와 같이 영미법계 전문법칙에서 피의자의 자백이나 불리한 진술은 전문법칙의 예외로서 증거능력이 인정되는 것을 그대로 도입하여 피의자의 진술로서 불이익한 진술은 경찰에서의 진술이든 검사 앞에서의 진술이든 증거능력을 인정하였다. 전문법칙은 어떤 상황에서의 진술이 증거로 인정되면 그 진술을 담는 수단은 구별하지 않는다. 이에 따라 일본 형사소송법은 피의자의 불이익한 사실을 승인하는 진술을 기재한 조서의 증거능력을 인정하고 있으며 경찰조서나 검사조서나 구별하지 않는다(일본 형사소송법 제322조).

### (3) 참고인 진술의 증거능력: 검사조서만 인정

앞에서 본 바와 같이 영미법계에서 전문법칙의 증거능력 제한은 증인의 공판정 외 진술에 있다. 수사단계에서는 참고인의 진술이다.

---

피고인이 자백한 사실이 있음을 인정하면 그렇게 인정하는 공판정에서의 피고인의 진술이 증거로 사용된다. 따라서 이런 경우는 경찰관 등 수사담당자가 증인으로 나올 필요가 없으며, 피고인이 수사단계에서 자백하였던 사실 자체를 부인하는 경우에만 이를 입증하기 위하여 수사담당자가 증인으로 나오게 되므로 결국 수사담당자가 증인으로 나오는 것이 예외적인 것이 된다. 즉, 공판정에서 피고인에게 물음으로써 수사담당자가 증인으로 나올지를 결정할 수 있으므로 그만큼 수사인력을 더 경제적으로 활용할 수 있게 될 것이다.

영미법계의 전문법칙은 원칙적으로 참고인 진술의 증거능력을 제한하나 예외를 인정하는 포괄적 근거로서 '신용성의 정황적 보장'이라는 근거하에 개별적으로 이러한 정황적 보장을 인정할 수 있는 많은 예외를 인정하고 있고, 그러한 개별적 예외에 해당하지 않더라도 신용성의 정황적 보장이라는 포괄적 예외도 인정하고 있다.

일본 형사소송법은 영미법계 전문법칙의 수많은 개별적 예외를 법으로 규정하지는 않고 공문서, 영업문서 등 대표적인 몇 가지 상황과 신용성의 정황적 보장을 예외로 규정하면서, 참고인 조서에 있어서는 검사의 참고인 조서의 증거능력을 인정함으로써 수사단계 참고인 진술의 증거사용 방법을 단순화하였다.

즉, 경찰이 참고인을 조사한 조서는 전문법칙의 원칙에 따라 증거능력을 인정하지 않는 대신 검사가 참고인을 조사한 조서는 특히 신빙할 수 있는 상태라는 단서하에 증거능력을 인정하였다(일본 형사소송법 제321조 제2호). 그렇기 때문에 일본에서 검사는 기소 전에 참고인들을 조사하여 사실관계를 다시 확인하고, 검사의 조사에서 행해진 참고인의 진술은 증거가 될 수 있으므로 안정적으로 기소 여부를 결정할 수 있는 것이다.

## 4. 피의자 진술을 증거로 할 수 없는 입법은 유례가 없다

이와 같이 비교법적 검토를 하는 경우 대표적인 나라로서 대륙법계의 독일, 영미법계의 영국, 미국, 절충형인 일본 등을 들 수 있는데 모두 살펴보아도 피의자의 진술을 아예 증거로 하지 못하게 하는 나라는 없다. 이는 형사사법 운영에 있어 진실발견을 크게 훼손할 것이며 합리성도 찾을 수 없기 때문이다.

## Ⅳ. 향후 방안: 보완 입법 필요

### 1. 피고인에게 유무죄의 선택권을 주는 입법

개정법의 증거규정은 피고인에게 유무죄의 선택권을 주는 입법이다. 수사단계에서 피고인이 자백을 한 경우에 기소되면 공판기일 전에 증거개시 제도에 따라 검사가 가지고 있는 모든 증거를 볼 수 있다.

이 증거개시에 따라 피고인은 수사단계에서 행한 자신의 진술을 빼면 남는 증거가 무엇인지 알게 된다. 이때 자신의 진술을 빼고 남는 증거만으로는 유죄판결을 할 수 없는 상황임을 알게 된 피고인에게 재판에서도 자백진술을 유지하고 유죄판결을 받는 길과 검사의 조서에 대해 내용부인함으로써 증거능력을 부정하고 수사단계에서의 자신의 진술이 재판단계에서는 없었던 것으로 하고 무죄판결을 받는 길이 있다.

착한 사람은 죄를 인정하고 자백을 유지하여 유죄판결을 받는 경우도 있을 것이다. 그러나 악한 사람은 무죄를 받는 길을 선택하여 검사조서의 내용을 부인하여 증거능력을 없앨 것이다.

형사사법 시스템이 악한 사람을 보호하는 제도가 되는 것이다. 이런 입법을 할 수는 없는 것이다.

### 2. 보완 입법 필요: 피의자 진술을 증거로 할 수 있는 대체 수단 보완 필요

조서의 증거능력을 제한하는 것에 대해 조서재판의 탈피나 공판중심주의를 논하는 사람들이 있다. 조서는 진술을 축약하여 작성하다 보니 작성자의 관점에 투영되기 쉽고 때로는 조사과정에서 행해진 진술이 충실히 기재되지 않는 경우도 있어 조서에 담긴 진술의 정확성을 따져보지 않고 조서 자체를 곧바로 증거로 사용하는 것은 문제가 있을 수 있다. 다만, 현재는 재판의 효율성 때문에 이를 인정하는 것일 뿐이다.

　　그러나 이와 같은 조서의 문제점을 시정하려면 진술의 기록이 충실한 다른 대체물을 사용하는 쪽으로 방향을 잡아야 적절할 것이고 조서의 증거능력을 폐지함으로써 피의자의 진술을 전혀 증거로 사용하지 못하게 하는 것은 증거법이 갖는 기능과 중요성에 대한 이해가 부족한 무모한 일이다.

　　따라서 개정법과 같이 검사작성 피의자신문조서의 증거능력을 폐지하려면 피의자 진술의 영상녹화물이나 녹음물 등의 증거능력을 인정하고 그 증거조사를 위해서 녹취서를 제출하는 등의 대체수단을 먼저 강구하여야 할 것이다. 법 시행 전에 보완 입법이 행해지지 않으면 큰 혼란을 겪게 될 것이다. 그 책임은 법 개정을 주도했던 사람들에게 있다.

# 참고문헌

김종구 외 7인, 『검찰제도론』, 법문사(2012).

김희수/서보학/오창익/하태훈, 『검찰공화국 대한민국』, 삼인(2011).

대검찰청, 『형사소송법 제정·개정 자료집』, 대검찰청(1997).

문준영, "검찰중립과 화강 최대교 – 임영신 상공부장관 독직사건과 최대교 –", 전북대학교 개교 60주년 기념 학술대회 발표논문, 2007.

배종대/이상돈/정승환/이주원, 『신형사소송법』, 홍문사(2013).

서보학, "수사권의 독점 또는 배분? – 경찰의 수사권독립 요구에 대한 검토", 형사법연구 제12호(1999).

손동권/신이철, 『새로운 형사소송법』, 세창출판사(2013).

신동운, 『간추린 신형사소송법』, 법문사(2013).

신현주, 『형사소송법』, 박영사(2002).

이완규, 『검찰제도와 검사의 지위』, 성민기업(2005).

_____, 『형사소송법연구 II』, 법문사(2011).

이은모, 『형사소송법』, 박영사(2012).

정웅석/백승민, 『형사소송법』, 대명출판사(2014).

정종섭, 『헌법학 원론』, 박영사(2014).

채동배, 『법으로 보는 미국』, 살림(2004).

한국헌법학회 편, 『헌법주석 I』, 박영사(2013).

Best, Arthur, *Evidence*, 4.Ed., Aspen Law & Business, 2001.

Böckenförde, "Demokratie als Verfassungsprinzip", Handbuch des Staatsrechts der Bundesrepublik Deutschland(HdBStR) Bd II,

C.F.Müller, 2004.

Bredt, *Die Demokratische Legitimation unabhängiger Institutionen*, Mohr Siebeck, 2006.

Damaska, "Structure of Authority and Comparative Criminal Procedure", 84 Tale L.J.(1975), 480.

Goldstein, "Reflections on Two Models; Inguisitorial Themes in American Criminal Procedure", 26 Standard L. Rev(1974), 1009.

Graham, Michael H., *Federal Rules of Evidence*, 6.Ed. Thomson/ West, 2003.

Hammer, *Handbuch für den Staatsanwalt*, Vordermeyer herg., Luchterhand, 2000.

Hannich hrg., *StPO—Karlsruher Kommentar*, C.H.Beck, 2008.

Hund, "Brauchen wir die unabhängige Staatsanwaltschaft?", ZRP, 1994, 471.

Jarass/Pieroth, *Grundgesetz(GG)*, C.H.Beck, 2004.

Kagan, *Adversarial Legalism—The American Way of Law*, Harvard University Press, 2001.

Kommission für die Angelegenheiten der Staatsanwälte im Deutschen Richterbund, DRiZ 1970, 187.

Krey/Pföhler, "Zur Weisungsgebundenheit des Staatsanwaltes—Schranken des internen und externen Weisungsrechts", NStZ 1985, 146.

May, R. *Criminal Evidence*, 3Ed, Sweet & Maxwell, 1995.

Rautenberg, "Abhängigkeit der Staatsanwaltschaft", GA 2006, 356.

Roxin, 이완규 역, "검사의 법적 지위—과거와 현재(Zur Rechtsstellung der Staatsanwaltschaft damals und heute, DRiZ 1997, 109)", 『검사의 지위와 기능』, 대검찰청(2008).

Sättler, *Die Entwicklung der französischen Staatsanwaltschaft*,

Dissertation, Universität Mainz(1956).

Schneider, "Gedanken zur Problematik des infolge einer Zeugenvernehmung 'befangenen' Staatsanwalts", NStZ, 1994, 457.

Unterberger, "Weisungsrecht: Warum die Abschaffung falsch wäre", www.andreas−unterberger.at/2014/11/weisungsrecht−warum− die−Abschaffung−falsch−wäre/

Waechter, *Geminderte demokratische Legitimation staatlicher Institutionen im parlamentarischen Regierungssystem*, Duncker & Humbolt, 1994.

Waltz, J.R., *Introduction to Criminal Evidence*, Nelson Hall, 1987.

# 부 록
## (검찰개혁법 개정법률)

# 고위공직자범죄수사처
# 설치 및 운영에 관한 법률

## 제 1 장  총  칙

제1조(목적) 이 법은 고위공직자범죄수사처의 설치와 운영에 관하여 필요한 사항을 규정함을 목적으로 한다.

제2조(정의) 이 법에서 사용하는 용어의 정의는 다음과 같다.

1. "고위공직자"란 다음 각 목의 어느 하나의 직(職)에 재직 중인 사람 또는 그 직에서 퇴직한 사람을 말한다. 다만, 장성급 장교는 현역을 면한 이후도 포함된다.

   가. 대통령

   나. 국회의장 및 국회의원

   다. 대법원장 및 대법관

   라. 헌법재판소장 및 헌법재판관

   마. 국무총리와 국무총리비서실 소속의 정무직공무원

   바. 중앙선거관리위원회의 정무직공무원

   사. 「공공감사에 관한 법률」 제2조 제2호에 따른 중앙행정기관의 정무직공무원

   아. 대통령비서실·국가안보실·대통령경호처·국가정보원 소속의 3급 이상 공무원

   자. 국회사무처, 국회도서관, 국회예산정책처, 국회입법조사처의 정무직공무원

   차. 대법원장비서실, 사법정책연구원, 법원공무원교육원, 헌법재판소사무처의 정무직공무원

    카. 검찰총장

    타. 특별시장·광역시장·특별자치시장·도지사·특별자치도지사 및 교육감

    파. 판사 및 검사

    하. 경무관 이상 경찰공무원

    거. 장성급 장교

    너. 금융감독원 원장·부원장·감사

    더. 감사원·국세청·공정거래위원회·금융위원회 소속의 3급 이상 공무원

2. "가족"이란 배우자, 직계존비속을 말한다. 다만, 대통령의 경우에는 배우자와 4촌 이내의 친족을 말한다.

3. "고위공직자범죄"란 고위공직자로 재직 중에 본인 또는 본인의 가족이 범한 다음 각 목의 어느 하나에 해당하는 죄를 말한다. 다만, 가족의 경우에는 고위공직자의 직무와 관련하여 범한 죄에 한정한다.

    가. 「형법」 제122조부터 제133조까지의 죄(다른 법률에 따라 가중처벌되는 경우를 포함한다)

    나. 직무와 관련되는 「형법」 제141조, 제225조, 제227조, 제227조의2, 제229조(제225조, 제227조 및 제227조의2의 행사죄에 한정한다), 제355조부터 제357조까지 및 제359조의 죄(다른 법률에 따라 가중처벌되는 경우를 포함한다)

    다. 「특정범죄 가중처벌 등에 관한 법률」 제3조의 죄

    라. 「변호사법」 제111조의 죄

    마. 「정치자금법」 제45조의 죄

    바. 「국가정보원법」 제18조, 제19조의 죄

    사. 「국회에서의 증언·감정 등에 관한 법률」 제14조 제1항의 죄

    아. 가목부터 마목까지의 죄에 해당하는 범죄행위로 인한 「범죄수익은닉의 규제 및 처벌 등에 관한 법률」 제2조 제4호의 범죄수익등과 관련된 같은 법 제3조 및 제4조의 죄

4. "관련범죄"란 다음 각 목의 어느 하나에 해당하는 죄를 말한다.

가. 고위공직자와 「형법」 제30조부터 제32조까지의 관계에 있는 자가
　　범한 제3호 각 목의 어느 하나에 해당하는 죄

나. 고위공직자를 상대로 한 자의 「형법」 제133조, 제357조 제2항의 죄

다. 고위공직자범죄와 관련된 「형법」 제151조 제1항, 제152조, 제154조
　　부터 제156조까지의 죄 및 「국회에서의 증언·감정 등에 관한 법
　　률」 제14조 제1항의 죄

라. 고위공직자범죄 수사 과정에서 인지한 그 고위공직자범죄와 직접
　　관련성이 있는 죄로서 해당 고위공직자가 범한 죄

5. "고위공직자범죄등"이란 제3호와 제4호의 죄를 말한다.

**제3조(고위공직자범죄수사처의 설치와 독립성)** ① 고위공직자범죄등에 관하
여 다음 각 호에 필요한 직무를 수행하기 위하여 고위공직자범죄수사처(이
하 "수사처"라 한다)를 둔다.

1. 고위공직자범죄등에 관한 수사

2. 제2조 제1호 다목, 카목, 파목, 하목에 해당하는 고위공직자로 재직 중
　　에 본인 또는 본인의 가족이 범한 고위공직자범죄 및 관련범죄의 공
　　소제기와 그 유지

② 수사처는 그 권한에 속하는 직무를 독립하여 수행한다.

③ 대통령, 대통령비서실의 공무원은 수사처의 사무에 관하여 업무보고
나 자료제출 요구, 지시, 의견제시, 협의, 그 밖에 직무수행에 관여하는 일
체의 행위를 하여서는 아니 된다.

# 제 2 장  조  직

**제4조(처장·차장 등)** ① 수사처에 처장 1명과 차장 1명을 두고, 각각 특정
직공무원으로 보한다.

② 수사처에 수사처검사와 수사처수사관 및 그 밖에 필요한 직원을 둔다.

**제5조(처장의 자격과 임명)** ① 처장은 다음 각 호의 직에 15년 이상 있던
사람 중에서 제6조에 따른 고위공직자범죄수사처장후보추천위원회가 2명을
추천하고, 대통령이 그중 1명을 지명한 후 인사청문회를 거쳐 임명한다.

1. 판사, 검사 또는 변호사
2. 변호사 자격이 있는 사람으로서 국가기관, 지방자치단체, 「공공기관의 운영에 관한 법률」 제4조에 따른 공공기관 또는 그 밖의 법인에서 법률에 관한 사무에 종사한 사람
3. 변호사 자격이 있는 사람으로서 대학의 법률학 조교수 이상으로 재직하였던 사람

② 제1항 각 호에 규정된 둘 이상의 직에 재직한 사람에 대해서는 그 연수를 합산한다.

③ 처장의 임기는 3년으로 하고 중임할 수 없으며, 정년은 65세로 한다.

④ 처장이 궐위된 때에는 제1항에 따른 절차를 거쳐 60일 이내에 후임자를 임명하여야 한다. 이 경우 새로 임명된 처장의 임기는 새로이 개시된다.

**제6조(고위공직자범죄수사처장후보추천위원회)** ① 처장후보자의 추천을 위하여 국회에 고위공직자범죄수사처장후보추천위원회(이하 "추천위원회"라 한다)를 둔다.

② 추천위원회는 위원장 1명을 포함하여 7명의 위원으로 구성한다.

③ 위원장은 제4항 각 호의 위원 중에서 호선한다.

④ 국회의장은 다음 각 호의 사람을 위원으로 임명하거나 위촉한다.
  1. 법무부장관
  2. 법원행정처장
  3. 대한변호사협회장
  4. 대통령이 소속되거나 소속되었던 정당의 교섭단체가 추천한 2명
  5. 제4호의 교섭단체 외의 교섭단체가 추천한 2명

⑤ 추천위원회는 국회의장의 요청 또는 위원 3분의 1 이상의 요청이 있거나 위원장이 필요하다고 인정할 때 위원장이 소집하고, 위원 6인 이상의 찬성으로 의결한다.

⑥ 추천위원회 위원은 정치적으로 중립을 지키고 독립하여 그 직무를 수행한다.

⑦ 추천위원회가 제5조 제1항에 따라 처장후보자를 추천하면 해당 추천위원회는 해산된 것으로 본다.

⑧ 그 밖에 추천위원회의 운영 등에 필요한 사항은 국회규칙으로 정한다.

제7조(차장) ① 차장은 10년 이상 제5조 제1항 각 호의 직에 재직하였던 사람 중에서 처장의 제청으로 대통령이 임명한다.

② 제5조 제2항은 차장의 임명에 준용한다.

③ 차장의 임기는 3년으로 하고 중임할 수 없으며, 정년은 63세로 한다.

제8조(수사처검사) ① 수사처검사는 변호사 자격을 10년 이상 보유한 자로서 재판, 수사 또는 수사처규칙으로 정하는 조사업무의 실무를 5년 이상 수행한 경력이 있는 사람 중에서 제9조에 따른 인사위원회의 추천을 거쳐 대통령이 임명한다. 이 경우 검사의 직에 있었던 사람은 제2항에 따른 수사처검사 정원의 2분의 1을 넘을 수 없다.

② 수사처검사는 특정직공무원으로 보하고, 처장과 차장을 포함하여 25명 이내로 한다.

③ 수사처검사의 임기는 3년으로 하고, 3회에 한정하여 연임할 수 있으며, 정년은 63세로 한다.

④ 수사처검사는 직무를 수행함에 있어서 「검찰청법」 제4조에 따른 검사의 직무 및 「군사법원법」 제37조에 따른 군검사의 직무를 수행할 수 있다.

제9조(인사위원회) ① 처장과 차장을 제외한 수사처검사의 임용, 전보, 그 밖에 인사에 관한 중요 사항을 심의·의결하기 위하여 수사처에 인사위원회를 둔다.

② 인사위원회는 위원장 1명을 포함한 7명의 위원으로 구성하고, 인사위원회의 위원장은 처장이 된다.

③ 인사위원회 위원 구성은 다음 각 호와 같다.

1. 처장
2. 차장
3. 학식과 덕망이 있고 각계 전문 분야에서 경험이 풍부한 사람으로서 처장이 위촉한 사람 1명
4. 대통령이 소속되거나 소속되었던 정당의 교섭단체가 추천한 2명
5. 제4호의 교섭단체 외의 교섭단체가 추천한 2명

④ 제3항 제3호부터 제5호까지의 규정에 따른 위원의 임기는 3년으로 한다.

⑤ 인사위원회는 재적위원 과반수의 찬성으로 의결한다.

⑥ 그 밖에 인사위원회의 구성과 운영 등에 필요한 사항은 수사처규칙으로 정한다.

제10조(수사처수사관) ① 수사처수사관은 다음 각 호의 어느 하나에 해당하는 사람 중에서 처장이 임명한다.

　1. 변호사 자격을 보유한 사람

　2. 7급 이상 공무원으로서 조사, 수사업무에 종사하였던 사람

　3. 수사처규칙으로 정하는 조사업무의 실무를 5년 이상 수행한 경력이 있는 사람

② 수사처수사관은 일반직공무원으로 보하고, 40명 이내로 한다. 다만, 검찰청으로부터 검찰수사관을 파견받은 경우에는 이를 수사처수사관의 정원에 포함한다.

③ 수사처수사관의 임기는 6년으로 하고, 연임할 수 있으며, 정년은 60세로 한다.

제11조(그 밖의 직원) ① 수사처의 행정에 관한 사무처리를 위하여 필요한 직원을 둘 수 있다.

② 제1항에 따른 직원의 수는 20명 이내로 한다.

제12조(보수 등) ① 처장의 보수와 대우는 차관의 예에 준한다.

② 차장의 보수와 대우는 고위공무원단 직위 중 가장 높은 직무등급의 예에 준한다.

③ 수사처검사의 보수와 대우는 검사의 예에 준한다.

④ 수사처수사관의 보수와 대우는 4급 이하 7급 이상의 검찰직공무원의 예에 준한다.

제13조(결격사유 등) ① 다음 각 호의 어느 하나에 해당하는 사람은 처장, 차장, 수사처검사, 수사처수사관으로 임명될 수 없다.

　1. 대한민국 국민이 아닌 사람

　2. 「국가공무원법」 제33조 각 호의 어느 하나에 해당하는 사람

　3. 금고 이상의 형을 선고받은 사람

　4. 탄핵결정에 의하여 파면된 후 5년이 지나지 아니한 사람

5. 대통령비서실 소속의 공무원으로서 퇴직 후 2년이 지나지 아니한 사람

② 검사의 경우 퇴직 후 3년이 지나지 아니하면 처장이 될 수 없고, 퇴직 후 1년이 지나지 아니하면 차장이 될 수 없다.

**제14조(신분보장)** 처장, 차장, 수사처검사는 탄핵이나 금고 이상의 형을 선고받은 경우를 제외하고는 파면되지 아니하며, 징계처분에 의하지 아니하고는 해임·면직·정직·감봉·견책 또는 퇴직의 처분을 받지 아니한다.

**제15조(심신장애로 인한 퇴직)** 수사처검사가 중대한 심신상의 장애로 인하여 직무를 수행할 수 없을 때 대통령은 처장의 제청에 의하여 그 수사처검사에게 퇴직을 명할 수 있다.

**제16조(공직임용 제한 등)** ① 처장과 차장은 퇴직 후 2년 이내에 헌법재판관(「대한민국헌법」 제111조 제3항에 따라 임명되는 헌법재판관은 제외한다), 검찰총장, 국무총리 및 중앙행정기관·대통령비서실·국가안보실·대통령경호처·국가정보원의 정무직공무원으로 임용될 수 없다.

② 처장, 차장, 수사처검사는 퇴직 후 2년이 지나지 아니하면 검사로 임용될 수 없다.

③ 수사처검사로서 퇴직 후 1년이 지나지 아니한 사람은 대통령비서실의 직위에 임용될 수 없다.

④ 수사처에 근무하였던 사람은 퇴직 후 1년 동안 수사처의 사건을 변호사로서 수임할 수 없다.

## 제 3 장　직무와 권한

**제17조(처장의 직무와 권한)** ① 처장은 수사처의 사무를 통할하고 소속 직원을 지휘·감독한다.

② 처장은 국회에 출석하여 수사처의 소관사무에 관하여 의견을 진술할 수 있고, 국회의 요구가 있을 때에는 수사나 재판에 영향을 미치지 않는 한 국회에 출석하여 보고하거나 답변하여야 한다.

③ 처장은 소관사무와 관련된 안건이 상정될 경우 국무회의에 출석하여 발언할 수 있으며, 그 소관사무에 관하여 법무부장관에게 의안(이 법의 시행

에 관한 대통령령안을 포함한다)의 제출을 건의할 수 있다.

④ 처장은 그 직무를 수행함에 있어서 필요한 경우 대검찰청, 경찰청 등 관계 기관의 장에게 고위공직자범죄등과 관련된 사건의 수사기록 및 증거 등 자료의 제출과 수사활동의 지원 등 수사협조를 요청할 수 있다.

⑤ 처장은 제8조에 따른 수사처검사의 직을 겸한다.

⑥ 처장은 수사처의 예산 관련 업무를 수행하는 경우에 「국가재정법」 제6조 제2항에 따른 중앙관서의 장으로 본다.

**제18조(차장의 직무와 권한)** ① 차장은 처장을 보좌하며, 처장이 부득이한 사유로 그 직무를 수행할 수 없는 때에는 그 직무를 대행한다.

② 차장은 제8조에 따른 수사처검사의 직을 겸한다.

**제19조(수사처검사 직무의 위임·이전 및 승계)** ① 처장은 수사처검사로 하여금 그 권한에 속하는 직무의 일부를 처리하게 할 수 있다.

② 처장은 수사처검사의 직무를 자신이 처리하거나 다른 수사처검사로 하여금 처리하게 할 수 있다.

**제20조(수사처검사의 직무와 권한)** ① 수사처검사는 제3조 제1항 각 호에 따른 수사와 공소의 제기 및 유지에 필요한 행위를 한다.

② 수사처검사는 처장의 지휘·감독에 따르며, 수사처수사관을 지휘·감독한다.

③ 수사처검사는 구체적 사건과 관련된 제2항에 따른 지휘·감독의 적법성 또는 정당성에 대하여 이견이 있을 때에는 이의를 제기할 수 있다.

**제21조(수사처수사관의 직무)** ① 수사처수사관은 수사처검사의 지휘·감독을 받아 직무를 수행한다.

② 수사처수사관은 고위공직자범죄등에 대한 수사에 관하여 「형사소송법」 제196조 제1항에 따른 사법경찰관의 직무를 수행한다.

**제21조(수사처수사관의 직무)** ① 수사처수사관은 수사처검사의 지휘·감독을 받아 직무를 수행한다.

② 수사처수사관은 고위공직자범죄등에 대한 수사에 관하여 「형사소송법」 제197조 제1항에 따른 사법경찰관의 직무를 수행한다.

**제22조(정치적 중립 및 직무상 독립)** 수사처 소속 공무원은 정치적 중립을

지켜야 하며, 그 직무를 수행함에 있어 외부로부터 어떠한 지시나 간섭을 받지 아니한다.

# 제 4 장  수사와 공소의 제기 및 유지

제23조(수사처검사의 수사) 수사처검사는 고위공직자범죄의 혐의가 있다고 사료하는 때에는 범인, 범죄사실과 증거를 수사하여야 한다.

제24조(다른 수사기관과의 관계) ① 수사처의 범죄수사와 중복되는 다른 수사기관의 범죄수사에 대하여 처장이 수사의 진행 정도 및 공정성 논란 등에 비추어 수사처에서 수사하는 것이 적절하다고 판단하여 이첩을 요청하는 경우 해당 수사기관은 이에 응하여야 한다.

② 다른 수사기관이 범죄를 수사하는 과정에서 고위공직자범죄등을 인지한 경우 그 사실을 즉시 수사처에 통보하여야 한다.

③ 처장은 피의자, 피해자, 사건의 내용과 규모 등에 비추어 다른 수사기관이 고위공직자범죄등을 수사하는 것이 적절하다고 판단될 때에는 해당 수사기관에 사건을 이첩할 수 있다.

④ 제2항에 따라 고위공직자범죄등 사실의 통보를 받은 처장은 통보를 한 다른 수사기관의 장에게 수사처규칙으로 정한 기간과 방법으로 수사개시 여부를 회신하여야 한다.

제25조(수사처검사 및 검사 범죄에 대한 수사) ① 처장은 수사처검사의 범죄 혐의를 발견한 경우에 관련 자료와 함께 이를 대검찰청에 통보하여야 한다.

② 수사처 외의 다른 수사기관이 검사의 고위공직자범죄 혐의를 발견한 경우 그 수사기관의 장은 사건을 수사처에 이첩하여야 한다.

제26조(수사처검사의 관계서류와 증거물 송부 등) ① 수사처검사는 제3조 제1항 제2호에서 정하는 사건을 제외한 고위공직자범죄등에 관한 수사를 한 때에는 관계서류와 증거물을 지체 없이 서울중앙지방검찰청 소속 검사에게 송부하여야 한다.

② 제1항에 따라 관계서류와 증거물을 송부받아 사건을 처리하는 검사는 처장에게 해당 사건의 공소제기 여부를 신속하게 통보하여야 한다.

**제27조(관련인지 사건의 이첩)** 처장은 고위공직자범죄에 대하여 불기소 결정을 하는 때에는 해당 범죄의 수사과정에서 알게 된 관련범죄 사건을 대검찰청에 이첩하여야 한다.

**제28조(형의 집행)** ① 수사처검사가 공소를 제기하는 고위공직자범죄등 사건에 관한 재판이 확정된 경우 제1심 관할지방법원에 대응하는 검찰청 소속 검사가 그 형을 집행한다.

② 제1항의 경우 처장은 원활한 형의 집행을 위하여 해당 사건 및 기록 일체를 관할 검찰청의 장에게 인계한다.

**제29조(재정신청에 대한 특례)** ① 고소·고발인은 수사처검사로부터 공소를 제기하지 아니한다는 통지를 받은 때에는 서울고등법원에 그 당부에 관한 재정을 신청할 수 있다.

② 제1항에 따른 재정신청을 하려는 사람은 공소를 제기하지 아니한다는 통지를 받은 날부터 30일 이내에 처장에게 재정신청서를 제출하여야 한다.

③ 재정신청서에는 재정신청의 대상이 되는 사건의 범죄사실 및 증거 등 재정신청을 이유 있게 하는 사유를 기재하여야 한다.

④ 제2항에 따라 재정신청서를 제출받은 처장은 재정신청서를 제출받은 날부터 7일 이내에 재정신청서, 의견서, 수사 관계서류 및 증거물을 서울고등법원에 송부하여야 한다. 다만, 신청이 이유 있는 것으로 인정하는 때에는 즉시 공소를 제기하고 그 취지를 서울고등법원과 재정신청인에게 통지한다.

⑤ 이 법에서 정한 사항 외에 재정신청에 관하여는 「형사소송법」 제262조 및 제262조의2부터 제262조의4까지의 규정을 준용한다. 이 경우 관할법원은 서울고등법원으로 하고, "지방검찰청검사장 또는 지청장"은 "처장", "검사"는 "수사처검사"로 본다.

**제30조(처장의 재정신청에 대한 특례)** ① 처장은 제26조 제2항에 따라 검사로부터 공소를 제기하지 아니한다는 통보를 받은 때에는 그 검사 소속의 지방검찰청 소재지를 관할하는 고등법원(이하 "관할 고등법원"이라 한다)에 그 당부에 관한 재정을 신청할 수 있다.

② 처장은 제1항에 따라 재정신청을 하려는 경우 공소를 제기하지 아니한다는 통보를 받은 날부터 30일 이내에 지방검찰청검사장 또는 지청장에게

재정신청서를 제출하여야 한다.

③ 재정신청서에는 재정신청의 대상이 되는 사건의 범죄사실 및 증거 등 재정신청을 이유 있게 하는 사유를 기재하여야 한다.

④ 제2항에 따라 재정신청서를 제출받은 지방검찰청검사장 또는 지청장은 재정신청서를 제출받은 날부터 7일 이내에 재정신청서, 의견서, 수사 관계 서류 및 증거물을 관할 고등검찰청을 경유하여 관할 고등법원에 송부하여야 한다. 다만, 신청이 이유 있는 것으로 인정하는 때에는 즉시 공소를 제기하고 그 취지를 관할 고등법원과 처장에게 통지한다.

⑤ 이 법에서 정한 사항 외에 재정신청에 관하여는 「형사소송법」 제262조, 제262조의2 및 제262조의4의 규정을 준용한다. 이 경우 "지방검찰청검사장 또는 지청장"은 "처장", "검사"는 "수사처검사"로 본다.

제31조(재판관할) 수사처검사가 공소를 제기하는 고위공직자범죄등 사건의 제1심 재판은 서울중앙지방법원의 관할로 한다. 다만, 범죄지, 증거의 소재지, 피고인의 특별한 사정 등을 고려하여 수사처검사는 「형사소송법」에 따른 관할 법원에 공소를 제기할 수 있다.

# 제 5 장　징　계

제32조(징계사유) 수사처검사가 다음 각 호의 어느 하나에 해당하면 그 수사처검사를 징계한다.

　1. 재직 중 다음 각 목의 어느 하나에 해당하는 행위를 한 때
　　가. 정치운동에 관여하는 일
　　나. 금전상의 이익을 목적으로 하는 업무에 종사하는 일
　　다. 처장의 허가 없이 보수를 받는 직무에 종사하는 일
　2. 직무상의 의무를 위반하거나 직무를 게을리하였을 때
　3. 직무 관련 여부에 상관없이 수사처검사로서의 체면이나 위신을 손상하는 행위를 하였을 때

제33조(수사처검사징계위원회) ① 수사처검사의 징계 사건을 심의하기 위하여 수사처에 수사처검사징계위원회(이하 "징계위원회"라 한다)를 둔다.

② 징계위원회는 위원장 1명을 포함한 7명의 위원으로 구성하고, 예비위원 3명을 둔다.

제34조(징계위원회 위원장의 직무와 위원의 임기 등) ① 징계위원회의 위원장은 차장이 된다. 다만, 차장이 징계혐의자인 경우에는 처장이 위원장이 되고, 처장과 차장이 모두 징계혐의자인 경우에는 수사처규칙으로 정하는 수사처검사가 위원장이 된다.

② 위원은 다음 각 호의 사람이 된다.

1. 위원장이 지명하는 수사처검사 2명
2. 변호사, 법학교수 및 학식과 경험이 풍부한 사람으로서 위원장이 위촉하는 4명

③ 예비위원은 수사처검사 중에서 위원장이 지명하는 사람이 된다.

④ 제2항 제2호에 따라 위촉된 위원의 임기는 3년으로 한다.

⑤ 위원장은 징계위원회의 업무를 총괄하고, 회의를 소집하며, 그 의장이 된다.

⑥ 위원장이 부득이한 사유로 직무를 수행할 수 없을 때에는 위원장이 지정하는 위원이 그 직무를 대리하고, 위원장이 지정한 위원이 부득이한 사유로 직무를 수행할 수 없을 때에는 위원장이 지명하는 예비위원이 그 직무를 대리한다.

제35조(징계위원회의 사무직원) ① 징계위원회에 간사 1명과 서기 몇 명을 둔다.

② 간사는 위원장이 지명하는 수사처검사가 되고, 서기는 수사처 소속 공무원 중에서 위원장이 위촉한다.

③ 간사 및 서기는 위원장의 명을 받아 징계에 관한 기록과 그 밖의 서류의 작성 및 보관에 관한 사무에 종사한다.

제36조(징계의 청구와 개시) ① 징계위원회의 징계심의는 처장(처장이 징계혐의자인 경우에는 차장을, 처장 및 차장이 모두 징계혐의자인 경우에는 수사처규칙으로 정하는 수사처검사를 말한다. 이하 이 조 및 제38조 제1항, 제39조, 제40조 제2항, 제42조 제1항에서 같다)의 청구에 의하여 시작한다.

② 처장은 수사처검사가 제32조 각 호의 어느 하나에 해당하는 행위를 하

였다고 인정할 때에는 제1항의 청구를 하여야 한다.

③ 징계의 청구는 징계위원회에 서면으로 제출하여야 한다.

**제37조(징계부가금)** ① 제36조에 따라 처장이 수사처검사에 대하여 징계를 청구하는 경우 그 징계 사유가 금품 및 향응 수수, 공금의 횡령·유용인 경우에는 해당 징계 외에 금품 및 향응 수수액, 공금의 횡령액·유용액의 5배 내의 징계부가금 부과 의결을 징계위원회에 청구하여야 한다.

② 제1항에 따른 징계부가금의 조정, 감면 및 징수에 관하여는 「국가공무원법」 제78조의2 제2항 및 제3항을 준용한다.

**제38조(재징계 등의 청구)** ① 처장은 다음 각 호의 어느 하나에 해당하는 사유로 법원에서 징계 및 제37조에 따른 징계부가금 부과(이하 "징계등"이라 한다) 처분의 무효 또는 취소 판결을 받은 경우에는 다시 징계등을 청구하여야 한다. 다만, 제3호의 사유로 무효 또는 취소 판결을 받은 감봉·견책 처분에 대해서는 징계등을 청구하지 아니할 수 있다.

  1. 법령의 적용, 증거 및 사실 조사에 명백한 흠이 있는 경우
  2. 징계위원회의 구성 또는 징계등 의결, 그 밖에 절차상의 흠이 있는 경우
  3. 징계양정 및 징계부가금이 과다한 경우

② 처장은 제1항에 따른 징계등을 청구하는 경우에는 법원의 판결이 확정된 날부터 3개월 이내에 징계위원회에 징계등을 청구하여야 하며, 징계위원회에서는 다른 징계사건에 우선하여 징계등을 의결하여야 한다.

**제39조(퇴직 희망 수사처검사의 징계사유 확인 등)** ① 처장은 수사처검사가 퇴직을 희망하는 경우에는 제32조에 따른 징계사유가 있는지 여부를 감사원과 검찰·경찰, 그 밖의 수사기관에 확인하여야 한다.

② 제1항에 따른 확인 결과 해임, 면직 또는 정직에 해당하는 징계 사유가 있는 경우 처장은 지체 없이 징계등을 청구하여야 하며, 징계위원회는 다른 징계사건에 우선하여 징계등을 의결하여야 한다.

**제40조(징계혐의자에 대한 부본 송달과 직무정지)** ① 징계위원회는 징계청구서의 부본을 징계혐의자에게 송달하여야 한다.

② 처장은 필요하다고 인정할 때에는 징계혐의자에게 직무 집행의 정지를

명할 수 있다.

**제41조(징계의결)** ① 징계위원회는 사건심의를 마치면 재적위원 과반수의 찬성으로 징계를 의결한다.

② 위원장은 의결에서 표결권을 가지며, 찬성과 반대가 같은 수인 경우에는 결정권을 가진다.

**제42조(징계의 집행)** ① 징계의 집행은 견책의 경우에는 처장이 하고, 해임·면직·정직·감봉의 경우에는 처장의 제청으로 대통령이 한다.

② 수사처검사에 대한 징계처분을 한 때에는 그 사실을 관보에 게재하여야 한다.

**제43조(다른 법률의 준용)** 이 장에서 정하지 아니한 사항에 대하여는 「검사 징계법」 제3조, 제9조부터 제17조까지, 제19조부터 제21조까지, 제22조(다만, 제2항의 "제23조"는 "제42조"로 본다), 제24조부터 제26조까지의 규정을 준용한다. 이 경우 "검사"는 "수사처검사"로 본다.

# 제 6 장  보 칙

**제44조(파견공무원)** 수사처 직무의 내용과 특수성 등을 고려하여 필요한 경우에는 다른 행정기관으로부터 공무원을 파견받을 수 있다.

**제45조(조직 및 운영)** 이 법에 규정된 사항 외에 수사처의 조직 및 운영에 필요한 사항은 수사처규칙으로 정한다.

**제46조(정보제공자의 보호)** ① 누구든지 고위공직자범죄등에 대하여 알게 된 때에는 이에 대한 정보를 수사처에 제공할 수 있으며, 이를 이유로 불이익한 조치를 받지 아니한다.

② 수사처는 내부고발자에게 「공익신고자 보호법」에 따른 보호조치 및 지원 행위를 할 수 있다. 내부고발자 보호에 관한 세부적인 사항은 대통령령으로 정한다.

**제47조(다른 법률의 준용)** 그 밖에 수사처검사 및 수사처수사관의 이 법에 따른 직무와 권한 등에 관하여는 이 법의 규정에 반하지 아니하는 한 「검찰청법」(다만, 제4조 제1항 제2호, 제4호, 제5호는 제외한다), 「형사소송법」

을 준용한다.

## 부칙 〈제16863호, 2020. 1. 14.〉

**제1조(시행일)** 이 법은 공포 후 6개월이 경과한 날부터 시행한다.

**제2조(수사처 설립에 관한 준비행위)** 수사처 소속 공무원의 임명 등 수사처의 설립에 필요한 행위 및 그 밖에 이 법 시행을 위하여 필요한 준비행위는 이 법 시행 전에 할 수 있다.

# 형사소송법 중 개정법률

제195조(검사와 사법경찰관의 관계 등) ① 검사와 사법경찰관은 수사, 공소제기 및 공소유지에 관하여 서로 협력하여야 한다.

② 제1항에 따른 수사를 위하여 준수하여야 하는 일반적 수사준칙에 관한 사항은 대통령령으로 정한다.

제196조(검사의 수사) 검사는 범죄의 혐의가 있다고 사료하는 때에는 범인, 범죄사실과 증거를 수사한다.

제197조(사법경찰관리) ① 경무관, 총경, 경정, 경감, 경위는 사법경찰관으로서 범죄의 혐의가 있다고 사료하는 때에는 범인, 범죄사실과 증거를 수사한다.

② 경사, 경장, 순경은 사법경찰리로서 수사의 보조를 하여야 한다.

③ 삭제

④ 삭제

⑤ 삭제

⑥ 삭제

제197조의2(보완수사요구) ① 검사는 다음 각 호의 어느 하나에 해당하는 경우에 사법경찰관에게 보완수사를 요구할 수 있다.

  1. 송치사건의 공소제기 여부 결정 또는 공소의 유지에 관하여 필요한 경우

  2. 사법경찰관이 신청한 영장의 청구 여부 결정에 관하여 필요한 경우

② 사법경찰관은 제1항의 요구가 있는 때에는 정당한 이유가 없는 한 지체 없이 이를 이행하고, 그 결과를 검사에게 통보하여야 한다.

③ 검찰총장 또는 각급 검찰청 검사장은 사법경찰관이 정당한 이유 없이 제1항의 요구에 따르지 아니하는 때에는 권한 있는 사람에게 해당 사법경찰관의 직무배제 또는 징계를 요구할 수 있고, 그 징계 절차는 「공무원 징

계령」 또는 「경찰공무원 징계령」에 따른다.

**제197조의3(시정조치요구 등)** ① 검사는 사법경찰관리의 수사과정에서 법령위반, 인권침해 또는 현저한 수사권 남용이 의심되는 사실의 신고가 있거나 그러한 사실을 인식하게 된 경우에는 사법경찰관에게 사건기록 등본의 송부를 요구할 수 있다.

② 제1항의 송부 요구를 받은 사법경찰관은 지체 없이 검사에게 사건기록 등본을 송부하여야 한다.

③ 제2항의 송부를 받은 검사는 필요하다고 인정되는 경우에는 사법경찰관에게 시정조치를 요구할 수 있다.

④ 사법경찰관은 제3항의 시정조치 요구가 있는 때에는 정당한 이유가 없으면 지체 없이 이를 이행하고, 그 결과를 검사에게 통보하여야 한다.

⑤ 제4항의 통보를 받은 검사는 제3항에 따른 시정조치 요구가 정당한 이유 없이 이행되지 않았다고 인정되는 경우에는 사법경찰관에게 사건을 송치할 것을 요구할 수 있다.

⑥ 제5항의 송치 요구를 받은 사법경찰관은 검사에게 사건을 송치하여야 한다.

⑦ 검찰총장 또는 각급 검찰청 검사장은 사법경찰관리의 수사과정에서 법령위반, 인권침해 또는 현저한 수사권 남용이 있었던 때에는 권한 있는 사람에게 해당 사법경찰관리의 징계를 요구할 수 있고, 그 징계 절차는 「공무원 징계령」 또는 「경찰공무원 징계령」에 따른다.

⑧ 사법경찰관은 피의자를 신문하기 전에 수사과정에서 법령위반, 인권침해 또는 현저한 수사권 남용이 있는 경우 검사에게 구제를 신청할 수 있음을 피의자에게 알려주어야 한다.

**제197조의4(수사의 경합)** ① 검사는 사법경찰관과 동일한 범죄사실을 수사하게 된 때에는 사법경찰관에게 사건을 송치할 것을 요구할 수 있다.

② 제1항의 요구를 받은 사법경찰관은 지체 없이 검사에게 사건을 송치하여야 한다. 다만, 검사가 영장을 청구하기 전에 동일한 범죄사실에 관하여 사법경찰관이 영장을 신청한 경우에는 해당 영장에 기재된 범죄사실을 계속 수사할 수 있다.

제221조의5(사법경찰관이 신청한 영장의 청구 여부에 대한 심의) ① 검사가 사법경찰관이 신청한 영장을 정당한 이유 없이 판사에게 청구하지 아니한 경우 사법경찰관은 그 검사 소속의 지방검찰청 소재지를 관할하는 고등검찰청에 영장 청구 여부에 대한 심의를 신청할 수 있다.

② 제1항에 관한 사항을 심의하기 위하여 각 고등검찰청에 영장심의위원회(이하 이 조에서 "심의위원회"라 한다)를 둔다.

③ 심의위원회는 위원장 1명을 포함한 10명 이내의 외부 위원으로 구성하고, 위원은 각 고등검찰청 검사장이 위촉한다.

④ 사법경찰관은 심의위원회에 출석하여 의견을 개진할 수 있다.

⑤ 심의위원회의 구성 및 운영 등 그 밖에 필요한 사항은 법무부령으로 정한다.

제245조의5(사법경찰관의 사건송치 등) 사법경찰관은 고소·고발 사건을 포함하여 범죄를 수사한 때에는 다음 각 호의 구분에 따른다.

 1. 범죄의 혐의가 있다고 인정되는 경우에는 지체 없이 검사에게 사건을 송치하고, 관계서류와 증거물을 검사에게 송부하여야 한다.

 2. 그 밖의 경우에는 그 이유를 명시한 서면과 함께 관계서류와 증거물을 지체 없이 검사에게 송부하여야 한다. 이 경우 검사는 송부받은 날부터 90일 이내에 사법경찰관에게 반환하여야 한다.

제245조의6(고소인 등에 대한 송부통지)

사법경찰관은 제245조의5 제2호의 경우에는 그 송부한 날부터 7일 이내에 서면으로 고소인·고발인·피해자 또는 그 법정대리인(피해자가 사망한 경우에는 그 배우자·직계친족·형제자매를 포함한다)에게 사건을 검사에게 송치하지 아니하는 취지와 그 이유를 통지하여야 한다.

제245조의7(고소인 등의 이의신청) ① 제245조의6의 통지를 받은 사람은 해당 사법경찰관의 소속 관서의 장에게 이의를 신청할 수 있다.

② 사법경찰관은 제1항의 신청이 있는 때에는 지체 없이 검사에게 사건을 송치하고 관계서류와 증거물을 송부하여야 하며, 처리결과와 그 이유를 제

1항의 신청인에게 통지하여야 한다.

**제245조의8(재수사요청 등)** ① 검사는 제245조의5 제2호의 경우에 사법경찰관이 사건을 송치하지 아니한 것이 위법 또는 부당한 때에는 그 이유를 문서로 명시하여 사법경찰관에게 재수사를 요청할 수 있다.

② 사법경찰관은 제1항의 요청이 있는 때에는 사건을 재수사하여야 한다.

**제245조의9(검찰청 직원)** ① 검찰청 직원으로서 사법경찰관리의 직무를 행하는 자와 그 직무의 범위는 법률로 정한다.

② 사법경찰관의 직무를 행하는 검찰청 직원은 검사의 지휘를 받아 수사하여야 한다.

③ 사법경찰리의 직무를 행하는 검찰청 직원은 검사 또는 사법경찰관의 직무를 행하는 검찰청 직원의 수사를 보조하여야 한다.

④ 사법경찰관리의 직무를 행하는 검찰청 직원에 대하여는 제197조의2부터 제197조의4까지, 제221조의5, 제245조의5부터 제245조의8까지의 규정을 적용하지 아니한다.

**제245조의10(특별사법경찰관리)** ① 삼림, 해사, 전매, 세무, 군수사기관, 그 밖에 특별한 사항에 관하여 사법경찰관리의 직무를 행할 특별사법경찰관리와 그 직무의 범위는 법률로 정한다.

② 특별사법경찰관은 모든 수사에 관하여 검사의 지휘를 받는다.

③ 특별사법경찰관은 범죄의 혐의가 있다고 인식하는 때에는 범인, 범죄사실과 증거에 관하여 수사를 개시·진행하여야 한다.

④ 특별사법경찰관리는 검사의 지휘가 있는 때에는 이에 따라야 한다. 검사의 지휘에 관한 구체적 사항은 법무부령으로 정한다.

⑤ 특별사법경찰관은 범죄를 수사한 때에는 지체 없이 검사에게 사건을 송치하고, 관계서류와 증거물을 송부하여야 한다.

⑥ 특별사법경찰관리에 대하여는 제197조의2부터 제197조의4까지, 제221조의5, 제245조의5부터 제245조의8까지의 규정을 적용하지 아니한다.

**제312조(검사 또는 사법경찰관의 조서 등)** ① 검사가 작성한 피의자신문조서는 적법한 절차와 방식에 따라 작성된 것으로서 공판준비, 공판기일에 그 피의자였던 피고인 또는 변호인이 그 내용을 인정할 때에 한정하여 증거로 할 수 있다.

② 삭제

# 검찰청법 중 개정법률

**제4조(검사의 직무)** ① 검사는 공익의 대표자로서 다음 각 호의 직무와 권한이 있다.

1. 범죄수사, 공소의 제기 및 그 유지에 필요한 사항. 다만, 검사가 수사를 개시할 수 있는 범죄의 범위는 다음 각 목과 같다.

   가. 부패범죄, 경제범죄, 공직자범죄, 선거범죄, 방위사업범죄, 대형참사 등 대통령령으로 정하는 중요 범죄

   나. 경찰공무원이 범한 범죄

   다. 가목·나목의 범죄 및 사법경찰관이 송치한 범죄와 관련하여 인지한 각 해당 범죄와 직접 관련성이 있는 범죄

2. 범죄수사에 관한 특별사법경찰관리 지휘·감독

3. 법원에 대한 법령의 정당한 적용 청구

4. 재판 집행 지휘·감독

5. 국가를 당사자 또는 참가인으로 하는 소송과 행정소송 수행 또는 그 수행에 관한 지휘·감독

6. 다른 법령에 따라 그 권한에 속하는 사항

**제46조(검찰수사서기관 등의 직무)** ② 검찰수사서기관, 수사사무관 및 마약수사사무관은 검사를 보좌하며 「형사소송법」 제245조의9 제2항에 따른 사법경찰관으로서 검사의 지휘를 받아 범죄수사를 한다.

**제47조(사법경찰관리로서의 직무수행)** ① 검찰주사, 마약수사주사, 검찰주사보, 마약수사주사보, 검찰서기, 마약수사서기, 검찰서기보 또는 마약수사서기보로서 검찰총장 또는 각급 검찰청 검사장의 지명을 받은 사람은 소속 검찰청 또는 지청에서 접수한 사건에 관하여 다음 각 호의 구분에 따른 직무를 수행한다.

1. 검찰주사, 마약수사주사, 검찰주사보 및 마약수사주사보: 「형사소송법」

　　제245조의9 제2항에 따른 사법경찰관의 직무

　2. 검찰서기, 마약수사서기, 검찰서기보 및 마약수사서기보: 「형사소송법」
　　제245조의9 제3항에 따른 사법경찰리의 직무

② 별정직공무원으로서 검찰총장 또는 각급 검찰청 검사장의 지명을 받은
공무원은 다음 각 호의 구분에 따른 직무를 수행한다.

　1. 5급 상당부터 7급 상당까지의 공무원: 「형사소송법」 제245조의9 제2항
　　에 따른 사법경찰관의 직무

　2. 8급 상당 및 9급 상당 공무원: 「형사소송법」 제245조의9 제3항에 따른
　　사법경찰리의 직무

**제49조(통역공무원 및 기술공무원)** ② 제1항의 공무원은 상사의 명을 받아
번역·통역 또는 기술에 관한 사무에 종사한다. 다만, 전산사무관, 방송통신
사무관, 전산주사, 방송통신주사, 전산주사보, 방송통신주사보, 전산서기, 방
송통신서기, 전산서기보, 방송통신서기보로서 검찰총장 또는 각급 검찰청
검사장의 지명을 받은 사람은 소속 검찰청 또는 지청에서 접수한 사건에
관하여 다음 각 호의 구분에 따른 직무를 수행한다.

　1. 전산사무관, 방송통신사무관, 전산주사, 방송통신주사, 전산주사보, 방송
　　통신주사보: 「형사소송법」 제245조의9 제2항에 따른 사법경찰관의 직무

　2. 전산서기, 방송통신서기, 전산서기보, 방송통신서기보: 「형사소송법」 제
　　245조의9 제3항에 따른 사법경찰리의 직무

# 사항색인

## [ㄱ]

각부 장관의 지휘체계    11
간접민주제    6
개별적 지휘관계    93, 94, 135
객관화된 정의 구현    31
검사    59
검사의 공소제기 결정 기반
    불안정    151
검사의 송치요구    100
검사의 수사권    80
검사의 수사지휘 폐지와 민주적
    정당성의 연결 문제    37
검사의 지휘체계와 민주적
    정당성    23
검사작성 피의자신문조서의
    증거능력    148
검찰의 인지수사 과잉    86
검찰청에 접수되는 고소사건
    수사    103
경찰 거대권력화    121
경찰 내 사법경찰관    92
경찰법상 관청의 종류    137
경찰 수사에 대한 민주적 정당성
    단절    116
경찰 수사에 대한 통제 장치의

필요성    95
경찰의 불송치 결정권    123
고위공직자범죄수사처    42
공소권자의 수사권    79
공안 범죄    112
국가 권력기관의 설치와 민주적
    정당성    49
국가소추주의    56
국가수사청    75
국민주권주의    2
국회에 대한 정치적 책임    11
권한부여규범    77
기소다원주의    56, 57
기소의 주체    66
기소일원주의    56, 57

## [ㄴ]

내부적 지휘체계    29

## [ㄷ]

대등관계    96
독립관청    42

## [ㅁ]

민주적 정당성    1, 3

민주적 정당성 문제 해결을 위한
  자치경찰제 도입    119
민주적 정당성과 외부적
  지휘체계    23
민주주의    2

[ㅂ]
보완수사요구    99
본원적 권한    14
본원적 권한자의 파생적 권한자에
  대한 지휘관계    15
불송치 관련 통제절차    129
불송치 승인의 대상    141
불송치사건    101, 124
불송치사건의 검사 송부    133
불송치처분    125
불송치처분시의 압수물 등에 대한
  부수처분    144
불송치처분의 주체    136

[ㅅ]
사법경찰관 수사권에 대한 민주적
  정당성의 흠결 문제    41
사법경찰관 수사권의 민주적
  정당성 근거로서 검사의
  수사지휘    36
사법경찰관 수사권의 민주적
  정당성 체계    32
사법경찰관 신청 영장청구
  여부 심의 제도    106

사인소추주의    56
사전승인절차    135
사찰기관화의 위험    71
소추관    110
송치 후 보완수사요구    113
수사·공소권 관련 민주적 정당성
  체계    21
수사개시권    77
수사의 정치적 중립성    40
수사종결권    83
수사처검사    59
수사처검사의 이중적 지위    60
수사처수사    66
수사처의 지휘체계    66
수사처장과 수사처검사의
  관계    67
수사처장의 재정신청    73
수사활동자    110
시정조치요구    99
실질적 정당성    5, 11, 54
실질적 지휘관계    94

[ㅇ]
영장심의위원회    106
영장청구권    61
의사결정의 일원화    19
의회에 대한 책임 및
  통제장치    53
이행의무    99
인적 정당성    5, 9

일반적 대등, 개별적 지휘관계   97

1영역 1장관   18

[ㅈ]

장관의 지휘권 제한   26

재수사와 재불송치 문제   143

재수사요청   101, 124

적법절차 규정   74

전건송치주의   123

전문법칙   160

정부 내 기관의 관계   108

정부 의사의 단일·통일성   17

정부 의사의 일원화   107

조직규범   77

증거법   149

증인의 공판정 외 진술   161

지시권의 기속력   7

지휘감독권   12

지휘관계의 이원화   95

지휘체계 일원화   1, 17, 18, 19

직접주의   156

징계요구   101

[ㅊ]

참고적 효력   107

[ㅍ]

파생적 권한   14

패스트 트랙   2

포괄적 수사지휘체제   92

피고인의 공판정 외 진술   162

[ㅎ]

해임건의   11

행정경찰과 사법경찰의
    분리   122

행정부 내 지휘체계의
    이원화   117

헌법상 기구적 정당성   4, 8

헌법상 영장청구권자로서의
    검사   63

협력관계   92

형사절차 법률주의   78

효력규정   88

훈시규정   88, 89

## 저자소개

### 이완규

現 변호사
서울대학교 법과대학 졸업
서울대학교 대학원 법학과 석사, 박사
독일 막스플랑크 국제형사법연구소 유학
제32회 사법시험 합격
사법연수원 23기 수료
서울중앙, 울산, 전주, 서울서부지검 검사
대검찰청 검찰연구관
서울중앙지검 부부장검사
청주지검 제천지청장
대검찰청 형사1과장
서울남부지검 형사4부장
법무연수원 교수
대전지검 서산지청장
청주지검 차장검사
서울북부지검 차장검사
인천지검 부천지청장
사법시험 2차 출제위원

주요 저서
형사소송법 특강
형사소송법 연구 1, 2
한국검찰과 검찰청법(공저)
형사소송법(공저)
검찰제도론(공저)

## 2020년 검찰개혁법 해설

| | |
|---|---|
| 초판발행 | 2020년 4월 15일 |
| 중판발행 | 2020년 5월 20일 |
| 지은이 | 이완규 |
| 펴낸이 | 안종만 · 안상준 |
| 편 집 | 박가온 |
| 기획/마케팅 | 조성호 |
| 표지디자인 | 박현정 |
| 제 작 | 우인도 · 고철민 |
| 펴낸곳 | (주) **박영사** |
| | 서울특별시 종로구 새문안로3길 36, 1601 |
| | 등록 1959. 3. 11. 제300-1959-1호(倫) |
| 전 화 | 02)733-6771 |
| f a x | 02)736-4818 |
| e-mail | pys@pybook.co.kr |
| homepage | www.pybook.co.kr |
| ISBN | 979-11-303-3647-3   93360 |

copyright©이완규, 2020, Printed in Korea

\* 잘못된 책은 바꿔드립니다. 본서의 무단복제행위를 금합니다.
\* 저자와 협의하여 인지첩부를 생략합니다.

정 가    18,000원